财务会计“云”系列智慧型教材 微课版

U0837769

财务报表分析

主　编　陶　红　张红星　李　佳
副主编　陈　玮　王永林　沈小秀

電子工業出版社
Publishing House of Electronics Industry
北京 · BEIJING

内 容 简 介

“财务报表分析”是会计专业的一门必修课程，本书以资产负债表、利润表、现金流量表、所有者权益变动表四大会计报表的资料进行企业偿债能力、盈利能力、营运能力、企业自身发展能力及综合能力分析及评价，使学生掌握利用会计报表所提供的信息，提高会计报表分析的实际应用技能，对企业的财务状况、经营成果、现金流量及其发展趋势和面临的风险等方面做出分析、判断和评价，并在此基础上撰写分析报告，对企业的财务管理和财务决策提出建议，养成严谨的态度和求真务实的职业精神。

全书共分为九个项目，包括总论，项目分析，结构分析，偿债能力分析，盈利能力和营运能力分析，获现能力分析，发展能力分析，财务报表附注信息分析，财务报表综合分析。

本书配有智慧学习平台，将教学视频、动画演示、在线实操、实时测评等教学资源和教材紧密结合起来，为课堂教学提供了强有力的补充，使教师易教、学生易学。

本书既可以作为职业院校会计专业相关课程的教学用书，也可供相关从业人员参考使用。

图书在版编目 (CIP) 数据

财务报表分析 / 陶红，张红星，李佳主编 . —北京：电子工业出版社，2019.9
ISBN 978-7-121-37297-1

Ⅰ . ①财…　Ⅱ . ①陶…　②张…　③李…　Ⅲ . ①会计报表－会计分析－高等职业教育－教材　Ⅳ . ① F231.5

中国版本图书馆 CIP 数据核字（2019）第 183509 号

责任编辑：张云怡　　文字编辑：王宝熠
印　　刷：三河市华成印务有限公司
装　　订：三河市华成印务有限公司
出版发行：电子工业出版社
　　　　　北京市海淀区万寿路 173 信箱　　邮编：100036
开　　本：787×1092　1/16　印张：11.75　字数：300.8 千字
版　　次：2019 年 9 月第 1 版
印　　次：2020 年 8 月第 2 次印刷
定　　价：49.00 元

凡所购买电子工业出版社图书有缺损问题，请向购买书店调换。若书店售缺，请与本社发行部联系，联系及邮购电话：（010）88254888，88258888。

质量投诉请发邮件至 zlts@phei.com.cn，盗版侵权举报请发邮件至 dbqq@phei.com.cn。

本书咨询联系方式：（010）88254573，zyy@phei.com.cn。

前　言

“财务报表分析”是会计专业的核心课程之一。本书以最新修订的《企业会计准则》和《企业会计准则讲解》为基础，以我国上市公司实例为背景，以财务分析报告为出发点和落脚点，系统阐述了资产负债表、利润表、现金流量表、所有者权益变动表、财务报表附注信息等内容。以培养高素质、技能型财会人才的目标为出发点，力争打造“主体教材＋会计实训＋网络教学资源”的“书网互动”新形态教材。

教材是教师和学生的重要沟通媒介，本教材通过智慧学习平台，将“教”与“学”紧密衔接，教师通过平台实时发布任务，学生能够迅速反应，提交任务。同时，作者将实务操作融入教材之中，既保持会计框架体系，又注重实际操作技能的训练，将理论知识学习与实践技能训练、专业能力培养与职业素质培养融为一体，提升学生会计综合职业能力。

本书在夯实理论知识的基础上，突出岗位职业技能训练，利用网络技术和智慧学习平台将教学视频、动画演示、在线实操、实时测评等教学资源和教材紧密结合起来，为课堂教学提供了强有力的补充，使教师易教、学生易学。

本书具有以下几个特色。

1. 知识内容新

本书根据最新的《企业会计准则》和营改增相关法律法规进行编写，体例新颖，知识内容时效性强，呈现形式多样化。

2. 编写理念新

本书根据企业实际岗位需求设计实训内容，旨在真正提高学生实践操作技能。全书嵌入二维码，通过智慧学习平台使师生在课上和课下形成良好互动，打破传统学习在时间和空间上的限制。

（1）教师可以通过智慧学习平台控制学生学习进度，省时高效地对学生进行管理，同时还可和学生进行深度互动。在横向上，分析学生成绩数据和不同题目的掌握情况；在纵向上，分析每周的学习进度和期末成绩，真正做到通过数据掌控教学进度和学生认知接受程度。

（2）学生可以通过观看视频、动画、文本等直观清晰的教学资源加强对所学知识点的理解和掌握；可以在智慧学习平台进行交互仿真随堂实训练习，真实感受现实经济业务中的会计处理；还可以在线提交完成的学习任务。

学生通过网络可以在移动端随时进行预习、复习、练习，教师可以随时答疑批复，不再局限于传统课堂面授形式时间和空间的限制。

3. 体例形式新

本教材在编写上力求克服专业教材僵硬枯燥的编排形式，将内容要点化、步骤化、图表化、案例化。每个项目都设计了案例、实训等辅助环节，各环节力求结合实际，增强学生的感性认识，以达到便于理解、快速掌握的目的。

4. 教学资源丰富

本书配有丰富的教学资源，实用性强。在多年的教学经验和教材编写经验的积累过程中，作者沉淀了丰富的课程资源，包括视频、习题、案例、实训等，表现形式直观、生动，可满足广大教师和学习者的需要。

本书由陶红（无锡城市职业技术学院）、张红星（山西财贸职业技术学院）、李佳（岳阳职业技术学院）担任主编；陈玮（温州职业技术学院）、王永林（山西财贸职业技术学院）、沈小秀（天津工业大学）担任副主编；朱庆时（无锡城市职业技术学院）、卢雅瑜（娄底职业技术学院）、刘珊（湖南有色金属职业技术学院）、王海燕（唐山职业技术学院）、李悦享（唐山职业技术学院）参与了本书的编写工作。

本书在编写过程中，借鉴参考了许多财务会计类专著、教材、期刊，以及网上相关资料，在此一并向其作者表示感谢。

由于编者水平有限，书中难免存在疏漏和不足之处，敬请广大读者批评、指正。

作　者

了解智慧学习平台使用方法

请扫描右侧二维码

目 录

1 总论 ………………………………………… 1
1.1 财务报表分析的概念及目的 ………………………………………… 2
1.1.1 财务报表分析的概念 ………………………………………… 2
1.1.2 财务报表分析的目的 ………………………………………… 2
1.2 财务报表分析的内容 ………………………………………… 3
1.2.1 会计报表项目及结构分析 ………………………………………… 4
1.2.2 财务报表的比率分析 ………………………………………… 5
1.2.3 财务综合分析 ………………………………………… 6
1.3 财务报表分析的基础资料 ………………………………………… 6
1.3.1 财务报告 ………………………………………… 7
1.3.2 其他相关非会计资料 ………………………………………… 17
1.4 财务报表分析的方法 ………………………………………… 17
1.4.1 比较分析法 ………………………………………… 18
1.4.2 比率分析法 ………………………………………… 19
1.4.3 因素分析法 ………………………………………… 20
1.5 财务报表分析的程序 ………………………………………… 22
1.5.1 财务报表分析的准备阶段 ………………………………………… 22
1.5.2 财务报表分析的实施阶段 ………………………………………… 23
1.5.3 财务报表分析的报告阶段 ………………………………………… 24
2 项目分析 ………………………………………… 25
2.1 资产负债表项目分析 ………………………………………… 26
2.1.1 主要资产项目分析 ………………………………………… 26
2.1.2 主要负债项目分析 ………………………………………… 32
2.1.3 所有者权益主要项目分析 ………………………………………… 34
2.2 利润表项目分析 ………………………………………… 35
2.2.1 收入类项目分析 ………………………………………… 35
2.2.2 费用类项目分析 ………………………………………… 37
2.2.3 利润类项目分析 ………………………………………… 40
2.3 现金流量表项目分析 ………………………………………… 42

2.3.1 经营活动现金流量的项目分析 …… 42
2.3.2 投资活动现金流量的项目分析 …… 45
2.3.3 筹资活动产生的现金流量有关项目的编制 …… 47
2.4 所有者权益变动表项目分析 …… 49
2.4.1 所有者权益变动表横向项目分析 …… 50
2.4.2 所有者权益变动表纵向项目分析 …… 53
3 结构分析 …… 56
3.1 资产负债表结构分析 …… 57
3.1.1 资产负债表总体结构分析 …… 57
3.1.2 资产负债表内部结构的具体分析 …… 58
3.2 利润表结构分析 …… 63
3.2.1 利润表总体构成分析 …… 64
3.2.2 收入构成分析 …… 67
3.2.3 费用构成分析 …… 67
3.3 现金流量表结构分析 …… 69
3.3.1 现金流入结构分析 …… 69
3.3.2 现金流出结构分析 …… 70
3.3.3 现金净流量结构分析 …… 71
3.4 所有者权益变动表结构分析 …… 72
4 偿债能力分析 …… 74
4.1 偿债能力概述 …… 75
4.1.1 如何理解偿债能力 …… 75
4.1.2 偿债能力分析的意义 …… 76
4.2 短期偿债能力分析 …… 76
4.2.1 短期偿债能力的影响因素 …… 77
4.2.2 反映短期偿债能力的主要财务指标 …… 77
4.2.3 短期偿债能力的横向分析及趋势分析 …… 80
4.2.4 短期偿债能力分析需要特别考虑的情形 …… 80
4.3 长期偿债能力分析 …… 81
4.3.1 长期偿债能力的影响因素 …… 82
4.3.2 反映长期偿债能力的主要财务指标 …… 83
4.3.3 长期偿债能力的横向分析及趋势分析 …… 85
4.3.4 长期偿债能力分析需要特别考虑的情形 …… 86

5 盈利能力和营运能力分析 ······ 87

5.1 盈利能力分析 ······ 88

5.1.1 盈利能力概述 ······ 88

5.1.2 与销售有关的盈利能力分析 ······ 89

5.1.3 与资本和资产有关的盈利能力分析 ······ 90

5.1.4 盈利能力的横向分析及趋势分析 ······ 92

5.2 营运能力分析 ······ 93

5.2.1 营运能力分析概述 ······ 94

5.2.2 流动资产营运能力分析 ······ 95

5.2.3 固定资产营运能力分析 ······ 97

5.2.4 总资产营运能力分析 ······ 98

5.2.5 营运能力的横向分析及趋势分析 ······ 99

6 获现能力分析 ······ 101

6.1 获现能力概述 ······ 102

6.1.1 获现能力的含义 ······ 102

6.1.2 获现能力分析的意义 ······ 102

6.2 获现能力分析 ······ 103

6.2.1 获现能力指标分析 ······ 103

6.2.2 获现能力的横向分析及趋势分析 ······ 106

7 发展能力分析 ······ 108

7.1 发展能力分析概述 ······ 109

7.1.1 企业发展能力的含义 ······ 109

7.1.2 影响企业发展能力的因素 ······ 109

7.2 发展能力分析 ······ 110

7.2.1 企业保值增值分析 ······ 110

7.2.2 其他指标增长状况分析 ······ 112

8 财务报表附注信息分析 ······ 115

8.1 财务报表附注信息概述 ······ 116

8.1.1 财务报表附注概念 ······ 116

8.1.2 财务报表附注的基本内容 ······ 117

8.1.3 财务报表附注的形式 ······ 119

8.1.4 财务报表附注的重要性 ······ 119

8.2 附注信息的分析和利用 ······ 120

8.2.1 企业基本情况的分析和利用 …… 120
8.2.2 重要会计政策和会计估计 …… 121
9 财务报表综合分析 …… 128
9.1 财务报表综合分析概述 …… 129
9.1.1 财务报表综合分析的概念 …… 129
9.1.2 财务报表综合分析的要求 …… 129
9.1.3 财务报表综合分析的必要性 …… 130
9.2 杜邦分析法 …… 130
9.2.1 传统杜邦分析法 …… 131
9.2.2 管理式杜邦分析法 …… 136
9.3 沃尔评分法 …… 144
9.4 综合绩效评价方法 …… 147
9.4.1 评价指标和指标权数 …… 148
9.4.2 评价标准 …… 149
9.4.3 评价计分方法 …… 150
9.4.4 评价结果 …… 156
9.5 上市公司财务分析 …… 157
附表一 资产负债表 …… 164
附表二 利润表 …… 168
附表三 现金流量表 …… 171
附表四 所有者权益变动表 …… 173
附表五 营业收入情况表 …… 179
附表六 企业绩效评价标准值 …… 180

1 总论

CFO 导语

财务分析是一种判断的过程，旨在评估企业现在或过去的财务状况及经营成果，其主要目的在于对企业未来的状况及经营业绩进行最佳预测。

本项目架构

- 财务报表分析的概念及目的
- 财务报表分析的内容
- 财务报表分析的基础资料
- 财务报表分析的方法
- 财务报表分析的程序

1.1 财务报表分析的概念及目的

cfo 要求你知道

财务报表分析的一般目的可以概括为：评价过去的经营业绩、衡量现在的财务状况、预测未来的发展趋势。

关键术语

评价（Evaluate）
预测（Forecast）

1.1.1 财务报表分析的概念

财务报表分析是指会计信息的使用者以企业财务报告为基础资料，运用科学系统的方法，对企业财务状况、经营成果和现金流量进行全面的分析，评价企业的盈利能力、营运能力、偿债能力和发展能力状况，了解企业过去，评价企业现状，预测企业未来，获得做出经济决策所需的信息或依据。

1.1.2 财务报表分析的目的

财务会计报告的目标是向财务会计报告使用者提供与企业财务状况、经营成果和现金流量等有关的会计信息，反映企业管理层受托责任履行情况，有助于财务会计报告使用者做出经济决策。财务会计报告使用者包括股东及潜在投资者、债权人、企业内部管理者、政府部门、企业供应商等，不同的会计信息使用者，不同的相关利益主体进行财务分析的目的是不同的。

1. 股东及潜在的投资者

股东及潜在的投资者进行财务报表分析的主要目的是为投资决策提供依据。他们所需要的信息主要与企业价值评估有关，着重分析企业的盈利能力，关注投资风险，注重企业财务的安全性。

2. 债权人

债权人进行财务报表分析的主要目的是为信贷决策提供依据。他们所需信息主要与企业还本付息情况有关，着重分析企业的偿债能力，关注企业信用和违约风险，注重企业收益的稳定性以及经营的安全性。

3. 企业内部管理者

企业内部管理者既是财务信息的供给方，又是财务信息的需求者。在日常经营活动中需要经常分析已有的财务信息，找出企业的劣势和不足，以便加以改进，增强竞争力。同时为企业业绩评价、监管和管理层任免提供依据。

4. 政府

政府可能具有社会管理者和投资者的双重身份。

作为社会公共管理部门，政府进行财务报表分析的主要目的在于为宏观经济决策提供依据，同时为税收、工商等方面的监管提供资料。作为企业的投资者，其进行财务报表分析的目的与其他股东相同，重点关注企业的盈利能力和投资风险。

5. 企业供应商

企业供应商进行财务报表分析主要是为自己的销售决策和信用政策选择提供依据。他们主要关注与企业信用风险和偿债能力有关的财务信息，注重企业创造现金的能力。

1.2 财务报表分析的内容

1-2

cfo 要求你知道

财务报表分析的内容对应企业各项基本活动，通过这些内容的分析认识企业活动的特点，评价其业绩，发现其问题。

关键术语

项目分析（Project analysis）
结构分析（Structural analysis）
综合分析（Comprehensive analysis）

尽管不同的财务报告使用者进行财务报表分析的目的不同，关心的财务信息不同，但是，财务报表分析的内容一般主要包括以下几个方面，如图 1-1 所示。

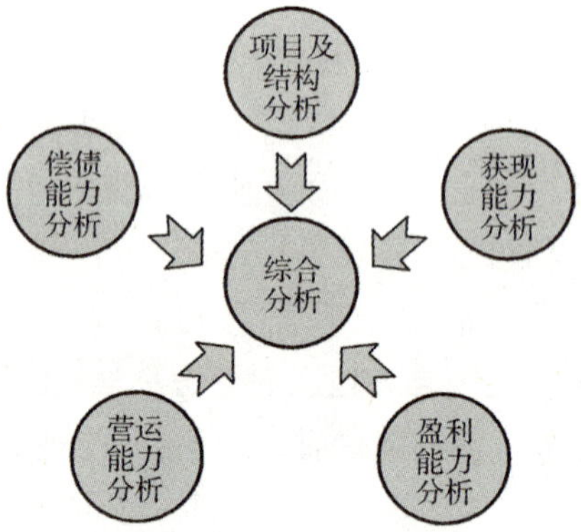

图 1-1 财务报表分析内容

1.2.1 会计报表项目及结构分析

1. 项目分析

通过会计报表的项目分析，可以了解企业主要的经济业务。对报表项目进行分析时，主要关注报表数据是否反映企业现实经营状况，不同会计期间数据是否稳定、不同会计主体的数据总体的分布状况。

首创公司 2014—2018 年收入项目分析如表 1-1 所示。

表 1-1 首创公司 2014—2018 年收入项目分析

项 目	2014 年	2015 年	2016 年	2017 年	2018 年
主营业务收入 / 元	4 166 524 266.54	5 503 712 732.13	7 004 124 227.55	7 839 895 945.01	9 213 878 111.68
其他业务收入 / 元	64 129 298.98	85 670 515.90	57 369 278.43	72 144 616.95	71 590 336.31

通过表 1-1，我们可以了解到首创公司的主营业务收入呈稳步上升趋势，反映该公司经营状况良好，主营业务收入与其他业务收入比重基本保持不变，说明公司收入主要来自于其主营业务收入。

2. 结构分析

通过会计报表的结构分析，可以从整体上了解企业资产构成、负债状况、利润形成的过程和现金流量的来源，有助于评价企业的财务能力。首创公司的利润简表如表 1-2 所示。

表 1-2 利润简表

2018 年 12 月 31 日

项　　目	金额 / 元	结构百分比
一、营业收入	9 285 468 447.99	100.00%
减：营业总成本	8 751 297 922.76	94.25%
加：其他收益	293 760 978.20	3.16%
投资收益（损失以“-”号填列）	199 614 411.99	2.15%
公允价值变动收益（损失以“-”号填列）	-32 809 560.84	-0.35%
资产处置收益（损失以“-”号填列）	30 611 756.31	0.33%
二、营业利润（损失以“-”号填列）	1 009 175 076.43	10.87%
加：营业外收入	15 935 940.54	0.17%
减：营业外支出	53 228 968.14	0.57%
三、利润总额（亏损总额以“-”号填列）	971 882 048.83	10.47%
减：所得税费用	269 735 306.23	2.90%
四、净利润（净亏损以“-”号填列）	702 146 742.60	7.57%

由结构分析可知首创公司的营业利润占营业收入的 10.87%，营业外收入及营业外支出的共同影响只有 -0.4%（0.17%-0.57%），利润总额占营业收入的 10.47%，净利润占营业收入的 7.57%。首创公司的盈利水平的高低需要进一步结合同行业的平均水平进行分析。

1.2.2 财务报表的比率分析

1. 偿债能力分析

偿债能力分析是指对企业偿还各种短期负债和长期负债能力的分析。债权人最关心企业的偿债能力。出于对企业经营安全性的考虑，偿债能力也受到管理者和股东的普遍关注。企业偿债能力不仅与债务结构、资产规模和性质相关，而且还与企业未来收益能力联系紧密，所以分析时应结合其他部分的能力进行分析，如盈利能力等。

2. 营运能力分析

营运能力分析是基于企业人力资源和生产资料的配置对财务目标实现所产生作用的大小的分析。企业的营运能力表现为企业内部人力资源和生产资料所占用资金的周转速度，反映企业资金利用的效率。企业营运能力与偿债能力和盈利能力存在着密切的关系。

3. 盈利能力分析

盈利能力分析是指对企业获取利润的能力进行分析。企业盈利能力包含两个层次的内容：一是公司在一个会计期间内从事生产经营活动的盈利能力；二是公司在一个较长期间内稳定地获得较高利润的能力。盈利能力是评估企业价值的基础，企业价值的大小取决于企业未来获取盈利的能力。

4. 获现能力与发展能力分析

获现能力分析主要反映企业资产、投资人投入资金，以及各项业务获取现金的能力。获现能力是指企业利用各种资源获取现金的能力，是企业经营现金净流入与投入资源的比值，反映企业收入或投入资源创造现金的能力。

企业的发展能力是企业通过自身的生产经营活动，不断扩大积累而形成的发展潜能。企业能否健康发展取决于多种因素，包括外部经营环境、企业内在素质及资源条件等。对企业发展能力的评价是一个全方位、多角度评价的过程。

1.2.3 财务综合分析

财务综合分析是通过解释各种财务能力之间的关系，了解企业整体财务状况及效果，分析企业总体目标的实现情况。财务报表分析的目的在于全面评价企业的财务状况、经营成果和现金流量，为相关决策提供信息支持。任何单独分析都难以全面评价企业的财务状况、经营成果和现金流量。要想对企业的财务状况、经营成果和现金流量有一个全面的评价，就必须将各个方面联系在一起，进行相互关联的综合性分析与评价。财务综合分析采用的具体方法主要有杜邦分析法、沃尔评分法等。

1.3 财务报表分析的基础资料

1-3

cfo 要求你知道

基础资料的信息收集与整理是财务分析的重要起点，也是影响财务分析质量的重要因素。

关键术语

财务报告（Financial report）

获得恰当翔实的资料，是保证财务报表分析取得真实可靠的分析结果的前提。财务报表分析的基础资料，包括财务报告和其他相关非会计资料。财务报表分析的基础资料如图 1-2 所示。

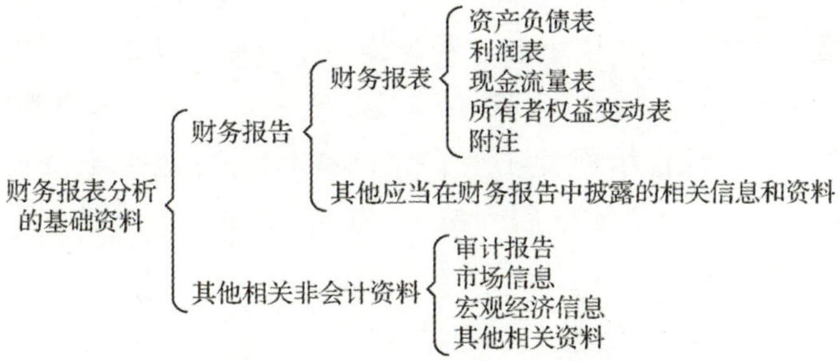

图 1-2　财务报表分析的基础资料

1.3.1　财务报告

财务报告是企业对外提供的反映企业某一特定日期的财务状况和某一会计期间的经营成果、现金流量等会计信息的文件，包括财务报表和其他应当在财务报告中披露的相关信息和资料。

财务报表是对企业财务状况、经营成果和现金流量的结构性描述，根据《企业会计准则》的要求，财务报表至少应当包括“四表一注”，即资产负债表、利润表、现金流量表、所有者权益变动表和会计报表附注。财务报表的上述组成部分具有同等的重要程度。

1. 资产负债表

（1）资产负债表的定义。

资产负债表是反映企业某一特定日期财务状况的财务报表，资产负债表的内容包括企业的资产、负债、所有者权益，是分析企业资产的流动性及其偿债能力所需信息的主要来源。

（2）资产负债表的作用。

企业编制资产负债表有以下作用：

可以提供某一日期资产的总额及其结构，表明企业拥有或控制的资源及其分布情况，使用者可以一目了然地从资产负债表中了解企业在某一特定日期所拥有的资产总量及其结构。

可以提供某一日期的负债总额及其结构，表明企业未来需要用多少资产或劳务清偿债务以及清偿时间。

可以反映所有者所拥有的权益，据以判断资本保值、增值的情况以及对负债的保障程度。

（3）资产负债表列报总体要求。

① 分类别列报。资产负债表列报最根本的目标就是应如实反映企业在资产负债表日所拥有的资源、所承担的负债，以及所有者所拥有的权益。因此，资产负债表应当按照资产、负债和所有者权益三大类别分类列报。

② 资产和负债按流动性列报。资产和负债应当按照流动性分为流动资产和非流动资产、流动负债和非流动负债列示。流动性，通常按资产的变现、耗用时间长短或者负债的偿还时间长短来确定。按照财务报表列报准则的规定，应先列报流动性强的资产或负债，再列报流动性弱的资产或负债。

③ 列报相关的合计、总计项目。资产负债表中的资产类至少应当列示流动资产和非流动资产的合计项目；负债类至少应当列示流动负债、非流动负债以及负债的合计项目；所有者权益类应当列示所有者权益的合计项目。

资产负债表遵循了“资产 = 负债 + 所有者权益”这一会计恒等式，把企业在特定时日所拥有的经济资源和与之相对应的债务及偿债以后属于所有者的权益充分反映出来。因此，资产负债表应当分别列示资产总计项目和负债与所有者权益之和的总计项目，并且这二者的金额应当相等。

（4）资产负债表的编报格式。

资产负债表的编报格式有两种：账户式和报告式。

① 账户式资产负债表。账户式资产负债表是指将反映企业财务状况的三大要素——资产、负债、所有者权益分左右排列，左边列示企业拥有的资产，右边列示企业的负债及所有者权益。其中资产和负债均按照流动性的大小进行排列，即流动性越大，越排在前面，反之，越排在后面；而所有者权益的排列原则为：永久性越强的，越排在前面。账户式资产负债表如表 1-3 所示。

表 1-3　账户式资产负债表

编制单位：　　　　年　月　日　　　　单位：元

资　　产	期末余额	年初余额	负债和所有者权益（或股东权益）	期末余额	年初余额
流动资产：			流动负债：		
货币资金			短期借款		
交易性金融资产			交易性金融负债		
衍生金融资产			衍生金融负债		
应收票据			应收票据		
…			…		
流动资产合计			其他流动负债		
非流动资产：			流动负债合计		
债权投资			非流动负债：		
其他债权投资			长期借款		
长期应收款			…		
…			负债合计		
			所有者权益（或股东权益）：		
			…		
其他非流动资产			未分配利润		
非流动资产合计			所有者权益（或股东权益）合计		
资产总计			负债和所有者权益（或股东权益）总计		

② 报告式资产负债表。报告式资产负债表是把资产、负债和所有者权益改成上下排列，即首先列示企业的所有资产，其次列示企业的所有负债，最后列示企业的所有者权益。报告式资产负债表如表 1-4 所示。

表 1-4　报告式资产负债表

编制单位：　　　　　　　　　　　　年　月　日　　　　　　　　　　　　单位：元

项　　目	期末余额	年初余额
资产		
流动资产		
非流动资产		
资产总计		
负债		
流动负债		
非流动负债		
负债合计		
所有者权益		
实收资本		
资本公积		
盈余公积		
未分配利润		
所有者权益合计		
负债及所有者权益总计		

我国在制度上的参考格式是账户式资产负债表。

（5）资产的列报。

资产负债表中的资产反映由过去的交易、事项形成，并由企业在某一特定日期所拥有或控制的、预期会给企业带来经济利益的资源。资产应当按照流动资产和非流动资产两大类别在资产负债表中列示，在流动资产和非流动资产类别下进一步按性质分项列示。

① 流动资产和非流动资产的划分。资产负债表中的资产应当分为流动资产和非流动资产列报。资产满足下列条件之一的，应当归类为流动资产。

a. 预计在一个正常营业周期中变现、出售或耗用，主要包括存货、应收账款等资产。其中，变现一般针对应收账款而言，指将资产变为现金；出售一般针对产品等存货而言；耗用一般指将存货转变成另一种形态。

b. 为交易目的而持有，主要指交易性金融资产。

c. 预计在资产负债表日起一年内（含一年）变现。

d. 自资产负债表日起一年内，交换其他资产或清偿负债的能力不受限制的现金或现金等价物。

② 正常营业周期。判断流动资产、流动负债时所称的一个正常营业周期，是指企业从购买用于加工的资产起至实现现金或现金等价物的期间。

正常营业周期通常短于一年，在一年内有几个营业周期。但是，也存在正常营业周期长于一年的情况，如船舶制造企业制造的用于出售的大型船只，从购买原材料投入生产，到制造出产品出售并收回现金或现金等价物的过程，往往超过一年，在这种情况下，与生产循环相关的产成品、应收账款、原材料尽管是超过一年才变现、出售或耗用，仍应作为流动资产列示。当正常营业周期不能确定时，应当以一年作为正常营业周期。

（6）负债的列报。

资产负债表中的负债反映在某一特定日期企业所承担的、预期会导致经济利益流出企业的现时义务。负债应当按照流动负债和非流动负债在资产负债表中进行列示，在流动负债和非流动负债类别下再进一步按性质分项列示。

① 流动负债与非流动负债的划分。流动负债的判断标准与流动资产的判断标准相类似。负债满足下列条件之一的，应当归类为流动负债。

a. 预计在一个正常营业周期中清偿。

b. 主要为交易目的而持有。

c. 自资产负债表日起一年内到期应予以清偿。

d. 企业无权自主地将清偿推迟至资产负债表日后一年以上。

值得注意的是，有些流动负债，如应付账款、应付职工薪酬等，属于企业正常营业周期中使用的营运资金的一部分。尽管这些经营性项目有时在资产负债表日后超过一年才到期清偿，但是它们仍应划分为流动负债。

② 资产负债表日后事项对流动负债与非流动负债划分的影响。流动负债与非流动负债的划分是否正确，直接影响对企业短期和长期偿债能力的判断。如果混淆了负债的类别，将歪曲企业的实际偿债能力，误导报表使用者的决策。对于资产负债表日后事项对流动负债与非流动负债划分的影响，需要特别加以考虑。

a. 资产负债表日起一年内到期的负债。对于在资产负债表日起一年内到期的负债，企业预计能够自主地将清偿义务展期至资产负债表日后一年以上的，应当归类为非流动负债；不能自主地将清偿义务展期的，即使在资产负债表日后、财务报告批准报出日前签订了重新安排清偿计划协议，从资产负债表日来看，此项负债仍应当归类为流动负债。

b. 违约长期债务。企业在资产负债表日或之前违反了长期借款协议，导致贷款人可随时要求清偿的负债，应当归类为流动负债。这是因为，在这种情况下，债务清偿的主动权并不在企业，企业只能被动地无条件归还贷款，而且该事实在资产负债表日即已存在，所以该负债应作为流动负债列报。但是，如果贷款人在资产负债表日或之前同意提供在资产负债表日后一年以上的宽限期，企业能够在此期限内改正违约行为，且贷款人不能要求随时清偿时，在资产负债表日的此项负债并不符合流动负债的判断标准，应当归类为非流动负债。

（7）所有者权益的列报。

资产负债表中的所有者权益是企业资产扣除负债后由所有者享有的剩余权益，资产负债表中的所有者权益类一般按照净资产的不同来源和特定用途进行分类，应当按照实收资本（或股本）、资本公积、盈余公积、未分配利润等项目分项列示。

2. 利润表

（1）利润表的定义。

利润表是反映企业在一定会计期间经营成果的财务报表。利润表内容包括收入、费用、利得、损失和利润，能够帮助财务报告使用者全面了解企业的经营成果、分析企业获利能力和盈利增长趋势。

（2）利润表的作用。

利润表可以反映企业一定会计期间收入的实现情况，如实现的营业收入有多少、实现的投资收益有多少、实现的营业外收入有多少等；可以反映一定会计期间的费用耗费情况，如耗费的营业成本有多少，税金及附加有多少，销售费用、管理费用、财务费用各有多少以及营业外支出有多少等；可以反映企业生产经营活动的成果，即净利润的实现情况，据以判断资本保值、增值等情况。所以，利润表能够反映企业经营业绩的主要来源和构成，有助于使用者判断净利润的质量及其风险，有助于使用者预测净利润的持续性，从而做出正确的决策。

（3）利润表的内容。

根据《企业会计准则》的规定，我国目前所编制的利润表主要包括以下几个方面的内容。

① 构成营业利润的各项要素：主要包括企业日常经营活动产生的收入、成本、税金；也包括为取得经营利润而发生的销售费用、管理费用和财务费用；还包括资产减值损失、公允价值变动收益、其他收益、资产处置收益和投资收益等。

② 构成利润总额的各项要素：主要包括营业利润和直接计入当期损益的利得和损失。直接计入当期损益的利得即营业外收入，直接计入当期损益的损失即营业外支出。

③ 构成净利润的各项要素：主要包括利润总额和计入当期损益的所得税费用。

④ 其他综合收益的税后净额：主要包括直接计入所有者权益的利得和损失。

⑤ 综合收益总额：包括净利润和其他综合收益的税后净额。

⑥ 每股收益：包括基本每股收益和稀释每股收益。

（4）利润表的格式。

为了恰当地反映利润表的信息，便于报表使用者理解和使用，需要把利润表项目按照一定的顺序进行排列，形成相对稳定的格式。常见的利润表格式主要有单步式和多步式两种。我国目前采用的是多步式利润表。

多步式利润表是将利润表中的内容作多项分类，通过多个步骤完成利润、综合收益的计算过程：

第一步，营业利润 = 营业收入 − 营业成本 − 税金及附加 − 销售费用 − 管理费用 − 财务费用 + 资产减值损失 + 公允价值变动损益 + 投资收益 + 资产处置收益 + 其他收益；

第二步，利润总额 = 营业利润 + 营业外收入 − 营业外支出；

第三步，净利润 = 利润总额 − 所得税费用；

第四步，综合收益总额 = 净利润 + 其他综合收益的税后净额

第五步，每股收益：基本每股收益、稀释每股收益。

多步式利润表可以提供比较详细的中间利润指标，这项指标可以对企业生产经营情况进行分析，有利于比较不同企业间的利润，进而正确评价各企业的经营业绩和获利能力，也可以帮助预测企业今后的经营趋势和盈利能力。

目前，我国统一会计制度规定企业利润表采用多步式利润表，其格式如表 1-5 所示。

表 1-5 利 润 表

编制单位： 年 月 日 单位：元

项 目	本期金额	上期金额
一、营业收入		
减：营业成本		
税金及附加		
销售费用		
管理费用		
财务费用		
…		
二、营业利润（亏损以“-”号填列）		
加：营业外收入		
减：营业外支出		
…		
三、利润总额（亏损以“-”号填列）		
减：所得税费用		
四、净利润（净亏损以“-”号填列）		
（一）持续经营净利润（净亏损以“-”号填列）		
…		
五、每股收益		
（一）基本每股收益		
…		

3. 现金流量表

（1）现金流量表的定义。

现金流量表，是反映企业一定会计期间现金和现金等价物流入和流出的报表。编制现金流量表是为财务报表使用者提供企业一定会计期间内现金和现金等价物流入和流出的信息，以便于财务报表使用者了解和评价企业获取现金和现金等价物的能力，并据以预测企业未来的现金流量。现金流量表的作用主要体现在以下几个方面：一是有助于评价企业支付能力、偿债能力和周转能力；二是有助于预测企业未来现金流量；三是有助于分析企业收益质量及影响现金净流量的因素，掌握企业经营活动、投资活动和筹资活动的现金流量，可以从现金流量的角度了解净利润的质量，为分析和判断企业的财务前景提供信息。

（2）现金流量表的编制基础。

资产负债表和利润表的编制基础是收付实现制，现金流量表是按照收付实现制原则编制的。

现金流量表以现金及现金等价物为基础编制，划分为经营活动、投资活动和筹资活动，按照收付实现制原则编制，将权责发生制下的盈利信息调整为收付实现制下的现金流量信息。

① 现金。现金是指企业库存现金以及可以随时用于支付的存款。不能随时用于支付的存款不属于现金。现金主要包括：

a. 库存现金。

b. 银行存款。银行存款是指企业存入金融机构、可以随时用于支取的存款，但不包括不能随时用于支付的存款。

c. 其他货币资金。其他货币资金是指存放在金融机构的外埠存款、银行汇票存款、银行本票存款、信用卡存款、信用证保证金存款和存出投资款等。

② 现金等价物。现金等价物，是指企业持有的期限短、流动性强、易于转换为已知金额现金、价值变动风险小的投资。其中，“期限短”是指从购买日起 3 个月内到期，一般指证券市场上流通的 3 个月内到期的短期债券等。现金等价物虽然不是现金，但其支付能力与现金的差别不大，可视为现金。

（3）现金流量的分类。

现金流量指企业现金和现金等价物的流入和流出。《企业会计准则》根据企业业务活动的性质和现金流量的来源，将企业一定期间产生的现金流量分为三类：经营活动现金流量、投资活动现金流量和筹资活动现金流量。

① 经营活动。经营活动是指企业投资活动和筹资活动以外的所有交易和事项。各类企业由于行业特点不同，对经营活动的认定存在一定差异。对于工商企业而言，经营活动主要包括销售商品、提供劳务、购买商品、接受劳务、支付职工薪酬、支付税费等。

② 投资活动。投资活动是指企业长期资产的购建和不包括在现金等价物范围内的投资及其处置活动。长期资产是指固定资产、无形资产、在建工程、其他资产等持有期限在一年或一个营业周期以上的资产。不同企业由于行业特点不同，对投资活动的认定也存在差异。

③ 筹资活动。筹资活动是指导致企业资本及债务规模和构成发生变化的活动。资本既包括实收资本，也包括资本溢价；债务是指企业主动对外举债，包括向银行借款、发行债券以及偿还债务等。应付账款、应付票据等属于经营活动，不属于筹资活动。

对于企业日常活动之外特殊的、不经常发生的项目，如自然灾害损失、保险赔款、捐赠等，应当归并到相关类别中，并单独反映。如果特殊项目的现金流量金额不大，则可以列入现金流量类别下的“其他”项目，不单列项目。比如，对于自然灾害损失和保险赔款，如果能确定属于流动资产损失，则应当列入经营活动产生的现金流量；属于固定资产损失，则应当列入投资活动产生的现金流量。如果不能确定，则可以列入经营活动产生的现金流量。捐赠收入和支出，可以列入经营活动。

（4）现金流量表的编制方法。

编制现金流量表时，列报经营活动现金流量的方法有两种：一种是直接法，另一种是间接法。这两种方法通常也称为编制现金流量表的方法。

① 直接法。直接法，是指按现金收入和现金支出的主要类别直接反映企业经营活动产生的现金流量。在直接法下，一般是以利润表中的营业收入为起算点，调节与经营活动有关的项目的增减变动，然后计算出经营活动产生的现金流量。

根据我国《企业会计准则》规定，现金流量表主表中现金流量采用直接法反映，例如经营活动的现金流量包括销售商品、提供劳务收到的现金，购买商品、接受劳务支付的现金等。采用直接法编报的现金流量表，便于分析企业经营活动产生的现金流量的来源和用途，预测企业现金流量的未来前景。

② 间接法。间接法是指以净利润为起算点，调整不涉及现金的收入、费用、营业外收支等有关项目，剔除投资活动、筹资活动对现金流量的影响，据此计算出经营活动产生的现金流量。由于净利润是按照权责发生制原则确定的，且包括了与投资活动和筹资活动相关的收益和费用，将净利润调节为经营活动现金流量，实际上就是将按权责发生制原则确定的净利润调整为现金净流入，并剔除投资活动和筹资活动对现金流量的影响。

根据我国《企业会计准则》规定，企业编制现金流量表时，在附注中采用间接法提供以净利润为基础调节到经营活动现金流量的信息。采用间接法编报现金流量表，便于将净利润与经营活动产生的现金流量净额进行比较，了解净利润与经营活动产生的现金流量差异的原因，从现金流量的角度分析净利润的质量。

现金流量表的格式如表 1-6 所示。

表 1-6 现金流量表

编制单位： 年 月 日 单位：元

项 目	本期金额	上年金额
一、经营活动产生的现金流量：		
销售商品、提供劳务收到的现金		
收到的税费返还		
收到的其他与经营活动有关的现金		
经营活动现金流入小计		
购买商品、接受劳务支付的现金		
支付给职工以及为职工支付的现金		
支付的各项税费		
支付其他与经营活动有关的现金		
经营活动现金流出小计		
经营活动产生的现金流量净额		
二、投资活动产生的现金流量：		
收回投资收到的现金		
取得投资收益收到的现金		
处置固定资产、无形资产和其他长期资产收回的现金净额		
处置子公司及其他营业单位收到的现金净额		
收到其他与投资活动有关的现金		
投资活动现金流入小计		
购建固定资产、无形资产和其他长期资产支付的现金		
投资支付的现金		
取得子公司及其他营业单位支付的现金净额		
支付其他与投资活动有关的现金		
投资活动现金流出小计		

（续表）

项　目	本期金额	上年金额
投资活动产生的现金流量净额		
三、筹资活动产生的现金流量：		
吸收投资收到的现金		
借款收到的现金		
收到其他与筹资活动有关的现金		
筹资活动现金流入小计		
偿还债务支付的现金		
分配股利、利润及偿付利息支付的现金		
支付其他与筹资活动有关的现金		
筹资活动现金流出小计		
筹资活动产生的现金流量净额		
四、汇率变动对现金及现金等价物的影响		
五、现金及现金等价物净增加额		
加：期初现金及现金等价物余额		
六、期末现金及现金等价物余额		

4. 所有者权益变动表

（1）所有者权益变动表的定义。

所有者权益变动表是指反映构成企业所有者权益各组成部分当期增减变动情况的报表。内容包括企业所有者权益变动的金额及原因，既可提供所有者权益总量的增减变动信息，也能提供所有者权益增减变动的结构性信息，能让报表使用者理解所有者权益变动的根源。

（2）所有者权益变动表的意义。

所有者权益变动表应当全面反映一定时期所有者权益变动的情况，不仅包括所有者权益总量的增减变动，还包括所有者权益增减变动的重要结构性信息，特别是要反映直接计入所有者权益的利得和损失，让报表使用者准确理解所有者权益增减变动的根源。

所有者权益变动表在一定程度上体现了企业综合收益。

综合收益，是指企业在某一期间与所有者之外的其他方面进行交易或发生其他事项所引起的净资产变动。综合收益的构成包括两部分：净利润和直接计入所有者权益的利得和损失。

为利润表和资产负债表提供辅助信息，是连接资产负债表和利润表的纽带。

所有者权益变动表中的“直接计入所有者投资的利得和损失”，以及“利润分配”，与利润表之间存在较强的关联性，为利润表提供辅助信息。所有者权益变动表中提供的所有者结构变动信息与资产负债表中所有者权益部分相辅相成，提供了所有者权益变动的详细信息。

（3）所有者权益变动表的内容。

所有者权益变动表的内容包括下列项目：

① 综合收益总额；

② 会计政策变更和差错更正的累积影响金额；

③ 所有者投入资本和向所有者分配利润等；

④ 提取的盈余公积；

⑤ 实收资本或资本公积、盈余公积、未分配利润的期初和期末余额及其调节情况。

（4）一般企业所有者权益变动表的列报格式。

一般企业所有者权益变动表以矩阵的形式列报。

为了清楚地表明构成所有者权益的各组成部分当期的增减变动情况，所有者权益变动表应以矩阵的形式列示。一方面，列示导致所有者权益变动的交易或事项，按所有者权益变动的来源对一定时期所有者权益变动情况进行全面反映；另一方面，按照所有者权益各组成部分（包括实收资本、资本公积、盈余公积、未分配利润和库存股）及其总额列示交易或事项对所有者权益的影响。

根据财务报表列报准则的规定，企业需要提供比较所有者权益变动表，因此，所有者权益变动表还就各项目再分为“本年金额”和“上年金额”两栏分别填列。

所有者权益变动表的格式如表 1-7 所示。

表 1-7　所有者权益变动表

编制单位：　　　　年　月　日　　　　单位：元

项　　目	本期金额			上年金额		
一、上年年末余额	实收资本（或股本）	…	所有者权益合计	实收资本（或股本）	…	所有者权益合计
加：会计政策变更						
前期差错更正						
其他						
二、本年年初余额						
三、本期增减变动金额（减少以“-”号填列）						
（一）其他综合收益						
（二）所有者投入和减少资本						
1. 所有者投入资本						
2. 其他权益工具持有者投入资本						
3. 股份支付计入所有者权益的金额						
4. 其他						
（三）利润分配						
1. 提取盈余公积						
2. 对所有者（或股东）的分配						
3. 其他						
（四）所有者权益内部结转						
1. 资本公积转增资本（或股本）						
2. 盈余公积转增资本（或股本）						

（续表）

项　目	本期金额			上年金额		
3. 盈余公积弥补亏损						
4. 设定受益计划变动额结转留存收益						
5. 其他综合收益结转留存收益						
6. 其他						
四、本期期末余额						

5. 会计报表附注

附注是对资产负债表、利润表、现金流量表和所有者权益变动表等报表中列示项目的文字描述或明细资料，以及对未能在这些报表中列示项目的说明等。其主要内容包括企业的基本情况、重要会计政策和会计估计、报表重要项目的说明、或有和承诺事项、资产负债表日后事项、关联方关系及其交易等需要说明的事项等。

1.3.2 其他相关非会计资料

非会计资料来自企业内部的非会计部门，或者来自企业外部，如会计师事务所、证券机构、政府统计部门等，主要包括审计报告、市场信息、公司治理信息和宏观经济信息。

1.4 财务报表分析的方法

1-4

cfo 要求你知道

分析方法并不是将众多的数学计算方法进行简单的罗列，财务分析人员应该选择科学的财务分析方法，以保证获得有用的财务分析信息。

关键术语

比较分析法（Comparative analysis method）
比率分析法（Ratio analysis method）
因素分析法（Factor analysis method）

财务报表分析方法一般有比较分析法、比率分析法和因素分析法等。

1.4.1 比较分析法

在财务报表分析中，比较分析法是最基本的分析方法。比较分析法是通过对比两期或连续数期财务报告中的相同指标，确定其增减变动的方向、金额和幅度来说明企业财务状况或经营成果变动趋势的一种方法。

注意：采用这种方法，可以分析引起变化的主要原因、变动的性质，并预测企业未来的发展趋势。在运用比较分析法进行分析时，必须注意经济指标的可比性。在选择比较指标时，要求在内容、计算方法、计价标准、时间跨度上保持口径一致。

使用比较分析法对财务报表进行分析，一般从以下几个方面进行。

1. 重要财务指标的比较

将不同时期财务报告中的相同指标或比率进行纵向比较，直接观察其增减变动情况及变动幅度，考查其发展趋势，预测其发展前景。

【例 1-1】首创公司有关资料如表 1-8 所示。

表 1-8　首创公司 2017—2018 年流动负债数据分析表

单位：元

项　目	2017 年	2018 年	增　减	
			金　额	幅　度
短期借款	1 017 619 835.00	5 248 484 368.00	4 230 864 533.00	415.76%
应付票据	359 274.87	0.00	−359 274.87	−100.00%
应付账款	1 912 483 145.37	4 067 728 582.15	2 155 245 436.78	112.69%
预收账款	1 201 926 956.65	1 234 086 252.60	32 159 295.95	2.68%
应交税费	326 445 698.88	374 687 351.46	48 241 652.58	14.78%
流动负债合计	10 769 241 227.18	18 366 109 316.02	7 596 868 088.84	70.54%

通过对公司流动负债数据分析可知：公司流动负债 2018 年比 2017 年增长了 7 596 868088.84 元（70.54%）。其主要原因在于：短期借款增加了 4 230 864 533 元（415.76%），应付账款增加了 2 155 245 436.78 元（112.69%），预收账款增加了 32 159 295.95 元（2.68%），应交税费增加了 48 241 652.58 元（14.78%）。流动负债增长过快应当引起管理部门的重视。

2. 会计报表的比较

会计报表的比较是指将连续数期的会计报表的金额并列起来，比较各指标不同期间的增减变动金额和幅度，据以判断企业财务状况和经营成果发展变化。会计报表比较具体包括资产负债表比较、利润表比较和现金流量表比较等。

【例 1-2】首创公司利润简表如表 1-9 所示。

表 1-9 利润简表

单位：元

项　　目	2016 年	2017 年	2018 年
一、营业收入	7 061 493 505.98	7 912 040 561.96	9 285 468 447.99
减：营业总成本	6 539 625 688.63	7 467 508 552.96	8 751 297 922.76
…			
二、营业利润（损失以“-”号填列）	706 544 627.34	673 244 196.61	1 009 175 076.43
…			
四、净利润（净亏损以“-”号填列）	701 387 524.60	646 177 941.21	702 146 742.60
…			
八、综合收益总额	324 953 986.54	624 172 244.40	899 024 352.97

3. 会计报表项目构成的比较

这是在会计报表比较的基础上发展而来的，是以会计报表中的某个总体指标作为 100%，再计算出各组成项目占该总体指标的百分比，从而比较各个项目百分比的增减变动，以此来判断有关财务活动的变化趋势。

【例 1-3】首创公司 2018 年利润表各项目所占的比例如表 1-10 所示。

表 1-10　首创公司 2018 年利润表各项目所占的比例

序　　号	项　　目	金额／元	各项目所占比例
1	营业收入	9 285 468 447.99	100.00%
2	营业总成本	8 751 297 922.76	94.25%
3	营业成本	6 369 991 916.41	68.60%
4	税金及附加	126 457 510.32	1.36%
5	销售费用	60 201 428.84	0.65%
6	管理费用	1 282 991 299.24	13.82%
7	财务费用	911 655 767.95	9.82%
8	资产减值损失	16 173 034.46	0.17%
9	公允价值变动收益	−32 809 560.84	−0.35%
10	投资收益	199 614 411.99	2.15%
11	资产处置收益	30 611 756.31	0.33%
12	其他收益	293 760 978.20	3.16%

1.4.2 比率分析法

比率分析法是指通过计算两个相关的财务指标的比率，来揭示指标关系合理性的分析方法。比较分析法只能解释某一指标本身的变化，无法对相关指标的关系做出进一步分析，而比率分析法运用的是相对指标，分析者可以根据分析目的，把相关指标结合起来，计算相关比率，从比率的变化中发现问题。因此，该方法在财务分析中得到广泛应用。

1. **财务比率分类**

财务比率按涉及指标的关系可分为以下三种类型。

（1）结构比率。

结构比率亦称构成比率，反映经济指标的局部与总体的关系，即分子是包含在分母之中的，如资产负债率、生产设备占全部固定资产的比重就属于此类比率。因此，结构比率可以帮助我们考查某一总体指标的构成项目的比例安排是否合理有效，以便进行结构调整。

（2）效率比率。

效率比率是用以反映经济活动中所费与所得的比例，体现投入与产出的关系，如成本费用利润率、资金利润率、资本利润率等。利用效率比率，可以权衡得失，评价经营效果的好坏，为投资决策服务。

（3）相关比率。

相关比率是除结构比率和效率比率之外的、反映两个相互关联指标的财务比率，如流动比率、速动比率、负债与股东权益比率等。相关比率可以帮助分析者评判各相关指标的占用或安排是否合理，生产经营活动是否顺畅进行。相关比率的财务应用十分广泛。

2. **标准比率**

某期财务比率测算只能说明当期各财务指标的实际情况，为达到分析的目的，还需要运用客观存在或社会承认的标准比率，与分析期指标进行比较，以说明本企业在同行业中所处的位置，以及企业经营中存在的问题及发展趋势等。一般地，财务比率分析所参照的标准比率有以下三种。

（1）历史标准。

历史标准是指本企业在过去的正常经营状况下已经达到的水平。将本期的财务比率与历史上达到的比率相比，可以分析和考查企业财务状况和经营成果的改进情况，并测算企业各类比率指标的发展趋势。但在经济不稳定、物价变化较大的情况下，此类比较就失去意义了。

（2）预算标准。

预算标准是指企业在经营预算中确定的本期应达到的目标值。将本期完成的财务比率与预算比率相比，可以监督预算执行情况。但由于预算所依据的经济条件往往与实际情况反差较大，指标出现差异也属正常，此类比较可作为参考。

（3）行业标准。

行业标准是指企业所属行业在同一时期内的平均比率或先进水平。一般地，同一行业的不同企业所面临的外在环境是相似的，所以，行业标准为企业的比率分析提供了有效的参考值。行业标准有两种：一种是先进水平，另一种是平均水平。与先进水平相比较，可以了解本企业在行业中所处的位置，为今后工作指明方向，保证平均水平，赶上先进水平。

在行业标准的制定方面，经过长期探索，某些标准已被人们所认可，并在财务分析工作中得到广泛的应用，如制造行业，一般认为资产负债率维持在50%左右为好，流动比率为2:1较稳妥。

1.4.3 因素分析法

因素分析法是依据分析指标及其影响因素的关系，从数量上确定各因素对分析指标影响方向和影响程度的一种方法。因素分析法可分为连环替代法和差额分析法。

1. 连环替代法

连环替代法，是将分析指标分解为各个可以计量的因素，并根据各个因素之间的依存关系，顺次用各因素的比较值替代基准值，据以测定各因素对分析指标的影响。

2. 差额分析法

差额分析法是连环替代法的一种简化形式，是利用各个因素的比较值与基准值之间的差额来计算各因素对分析指标的影响。

采用因素分析法时，必须注意以下问题：

（1）因素分解的关联性。构成经济指标的因素，必须存在客观的因果关系，要能够反映形成该项指标差异的内在构成原因，否则就失去了应用价值。

（2）因素替代的顺序性。确定替代因素时，必须根据各因素的依存关系，遵循一定的顺序并依次替代，不可随意加以颠倒，否则就会得出不同的计算结果。

（3）顺序替代的顺序性。因素分析法在计算每一因素变动的影响时，都是在前一次计算的基础上进行的，并采用连环比较的方法确定因素变化影响结果。

（4）计算结果的假定性。由于因素分析法计算的各因素变动的影响数，会因替代顺序不同而有差别，因而计算结果不免带有假定性，即它不可能使每个因素计算的结果都做到绝对准确。为此，分析时应力求使这种假定合乎逻辑，具有实际经济意义。这样，计算结果的假定性才不至于妨碍分析的有效性。

以上介绍了财务报表分析的几种基本方法，在实际运用时要依据分析的对象和目的选用恰当的方法。

【例 1-4】首创公司 2018 年 12 月某种材料费用的实际数是 46 922 400 元，而计划数是 45 760 000 元，实际比计划增加 1 162 400 元。材料费用由产品产量、单位产品材料耗用量和材料单价三个因素的乘积构成，因此，可以把材料费用这一总指标分解为三个因素然后逐个分析它们对材料费用总额的影响程度。现假设这三个因素的数值如表 1-11 所示。

表 1-11　三个因素的数值

项　目	单　位	计 划 数	实 际 数	差　异
产品产量	件	2 600	2 660	60
材料单耗	千克 / 件	88	84	-4
材料单价	元 / 千克	200.00	210.00	10.00
材料费用	元	45 760 000.00	46 922 400.00	1 162 400.00

根据表 1-11 中资料，材料费用总额实际数较计划数增加 1 162 400 元，这是分析对象。运用连环替代法，可以计算各因素变动对材料费用总额的影响程度，具体如下：

计划指标：2 600×88×200=45 760 000（元）　①

第一次替代：2 660×88×200=46 816 000（元）　②

第二次替代：2 660×84×200=44 688 000（元）　③

第三次替代：2 660×84×210=46 922 400（元）（实际数） ④

各因素变动的影响程度分析：

②－①=46 816 000−45 760 000=1 056 000（元） 产量增加的影响

③－②=44 688 000−46 816 000=−2 128 000（元） 材料节约的影响

④－③=46 922 400−44 688 000=2 234 400（元） 价格提高的影响

1 056 000−2 128 000+2 234 400=1 162 400（元） 全部因素的影响

1.5 财务报表分析的程序

1-5

cfo 要求你知道

在进行财务报表分析前，充分的准备工作能够让分析事半功倍。

关键术语

准备阶段（Preparation stage）
实施阶段（Implementation stage）
报告阶段（Report stage）

财务报表分析不是一种有同样程序的工作，不存在唯一的通用分析步骤，而是一个研究和探索的过程。建立规范而合理的分析程序，能使分析工作有序、顺利地进行，有利于在分析过程中做出正确的判断和恰当的评价，以保证分析质量。整个财务报表分析工作，一般可以分为三个阶段：准备阶段、实施阶段、报告阶段。

1.5.1 财务报表分析的准备阶段

1. 明确财务报表分析目的

只有明确了财务报表分析的目的，才能正确地搜索、整理资料，选择正确的分析方法，从而得出正确的结论。只有明确分析的目的、内容、范围和重点，才能据以制定分析工作方案。明确的分析目的是分析工作的灵魂。分析目的确定之后，就应当根据目的确定分析的内容和范围，并明确分析的重点内容，分清主次和难易，并据此制定分析工作方案。

2. 确立财务报表分析标准

有了明确的财务报表分析目的，还必须确立正确的财务报表分析评价标准。不同的分析目的，其分析评价标准是不同的。有的可用经验标准，有的可采用历史标准，有的则采用预算标准等。只有确立正确的分析评价标准，才会得出准确的分析结论。

3. 制订财务报表分析计划

在明确财务报表分析目的与标准的基础上，应制订财务报表分析计划，包括财务报表分析的人员组成及分工、时间进度安排和分析方法等。财务报表分析计划是财务报表分析顺利进行的保证。

4. 整理财务报表分析资料

财务报表分析资料是财务报表分析的基础，资料收集整理的及时性、完整性、准确性，对分析的正确性有着直接的影响。资料的收集整理应根据分析的目的和计划进行，但这并不是说不需要经常性、一般性的资料收集与整理。其实，只有日积月累地收集各种信息资料，才能根据不同的分析目的及时提供所需资料。收集、整理和核实资料是保障分析质量和分析工作顺利进行的基础性程序。

1.5.2 财务报表分析的实施阶段

财务报表分析的实施阶段，即具体分析阶段，是在财务报表分析的准备阶段的基础上进行的。它主要包括以下三个步骤。

1. 报表整体分析

它主要是指运用各种分析方法等对各主要财务会计报表和相关管理会计报表等进行全面分析。报表整体分析，对于全面反映企业经营状况与财务状况有重要作用。一般应根据分析的目的和内容选用适宜的分析方法。分析方法恰当与否，对分析的结果和分析的质量有重要影响。

2. 财务指标分析

它是对财务指标进行分析，特别是财务比率指标的分析，它是财务分析的一种重要方法或形式。财务指标能准确反映某方面的财务状况。进行财务报表分析时，应根据分析的目的和要求选择正确的分析指标。正确选择与计算财务指标是正确判断与评价企业财务状况的关键所在。

3. 基本因素分析

财务报表分析不仅要解释现象，而且应分析原因，对一些主要指标的完成情况，从其影响角度，深入进行定量分析，确定各因素对其影响的方向和程度，为企业正确进行财务评价提供最基本的依据。分析工作一般应先主要后次要，由表及里，由粗入细，先分析差异后分析原因。在分析过程中，对各项数据和原因要做出判断，整个分析过程就是判断过程。

1.5.3 财务报表分析的报告阶段

财务报表分析的报告阶段是财务分析实施阶段的继续，具体又可分为三个步骤。

1. 得出财务报表分析结论

结论的正确与否是判断财务报表分析质量的唯一标准。一个正确分析结论的得出，往往需要经过几次反复。分析结束后，要对分析的对象做出中肯评价，评价要态度鲜明，切忌模棱两可。

2. 提出可行的措施建议

分析问题是为了解决问题，因此，财务报表分析不能仅满足分析原因、得出结论，而且必须针对问题提出切实可行的措施，为解决问题提供决策依据。分析报告要对分析目的做出明确回答，评价要客观、全面、准确，要进行必要的分析；说明评价的依据，即说明评价是怎么得出来的。对分析的主要内容、选用的分析方法、采用的分析步骤也要作简明扼要的叙述，以备审阅分析报告的人了解整个分析过程。此外，分析报告中还应当包括分析人员针对分析过程中发现的矛盾和问题提出的改进措施或建议。如果能对今后的发展提出预测性意见，分析报告则具有更大的作用。

3. 编写财务报表分析报告

财务报表分析报告是财务报表分析的最后步骤。它将财务报表分析的基本问题、财务报表分析结论，以及针对问题提出的措施建议以报告的形式表示出来，为财务报表分析主体及财务报表分析报告的其他受益者提供决策依据。财务报表分析报告作为对财务报表分析工作的总结，还可作为历史资料，供以后的财务报表参考，以保证财务报表分析的连续性。

2 项目分析

CFO 导语

经理人应当对本企业的财务数据的变动明察秋毫，敏锐地察觉出企业经营出现的异常信号。

本项目架构

- 资产负债表项目分析
- 利润表项目分析
- 现金流量表项目分析
- 所有者权益变动表项目分析

2.1 资产负债表项目分析

cfo 要求你知道

对资产负债表的分析，相当于对企业的“体质”是否良好做出诊断。通过资产项目，可以看出企业的资金是以什么形态存在的；通过负债和所有者权益项目，可以看出资金从哪里来。

关键术语

货币资金（Monetary fund）
存货（Inventory）
固定资产（Fixed asset）
应付账款（Accounts payable）
实收资本（Paid-in capital）
盈余公积（Surplus from profits）

2.1.1 主要资产项目分析

资产项目分析，主要分析资产负债表各项目的具体情况，并关注表中各项目的质量。

1. 货币资金

货币资金是指可以立即用于支付的资金。货币资金主要包括库存现金、银行存款和其他货币资金。其中，其他货币资金包括银行本票存款、银行汇票存款、信用卡存款、信用证保证金存款、外埠存款和存出投资款等。货币资金的报表数据质量一般比较好，与实际情况没有差距，除非企业有外币或被冻结的资金。货币资金是企业流动性最强的资产。货币资金的持有应当适度，持有量过大，会导致企业整体盈利能力下降；反之，持有量太小，则可能增加企业流动性风险。企业持有货币资金的主要目的是为了经营的需要、预防的需要和投机的需要。

【例 2-1】首创公司 2014—2018 年货币资金项目分析如表 2-1 所示。

表 2-1　首创公司 2014—2018 年货币资金项目分析

单位：元

项　目	2014 年	2015 年	2016 年	2017 年	2018 年
库存现金	963 223.79	1 500 593.96	1 135 168.40	881 329.67	785 612.37
银行存款	3 217 770 697.77	3 143 864 010.53	3 808 051 160.08	2 669 135 623.40	3 844 325 800.69
其他货币资金	46 544 538.76	82 987 016.24	110 976 306.32	537 161 755.78	249 515 114.81
合 计	3 265 278 460.32	3 228 351 620.73	3 920 162 634.80	3 207 178 708.85	4 094 626 527.87

货币资金的趋势如图 2-1 所示。

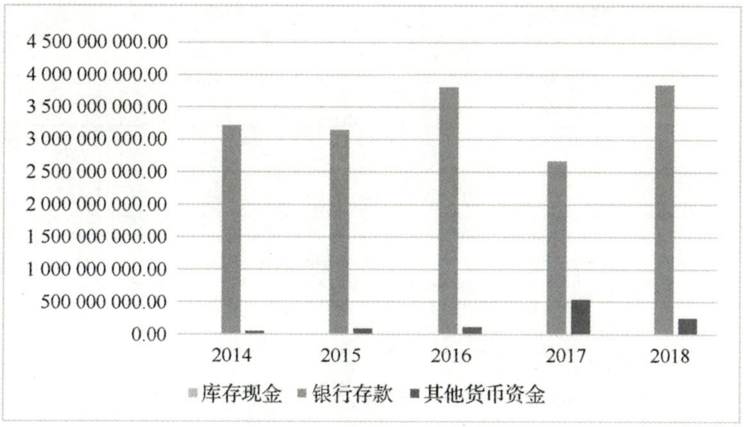

图 2-1　货币资金的趋势

货币资金存量的规模应该既能为企业日常经营提供所需资金，又能提高资金的使用效益，降低资金闲置造成的机会成本。一般而言，银行存款是企业货币资金中存在形态最多的资金，库存现金不应该持有过多，其他货币资金由于其使用受到限制，所以也不应该占用过多。首创公司的货币资金的持有量绝对值很高，但从长期来看，绝对值较稳定。但是就具体项目来看，其他货币资金的年度差异较大，尤其是 2017 年出现了峰值。对应来看，银行存款项目也存在一定年度波动，需要结合报表附注信息判断其波动是否合理。

2. 交易性金融资产

交易性金融资产是指企业持有的以公允价值且其变动计入当期损益为交易目的债券投资、股票投资、基金投资、权证投资等金融资产。这些金融资产可以随时让渡且预期一年之内变现。持有这些交易性金融资产的目的是利用闲置资金获得收益，所以交易性金融资产应按照公允价值计价。分析时应关注划分为该类别的资产是否与上述目的相符；关注该资产在分析时的公允价值与报表上的数据是否一致。

3. 应收票据

应收票据是指企业因销售商品、提供劳务等而收到的商业汇票，包括商业承兑汇票和银行承兑汇票。分析时关注企业持有的票据类型，是商业承兑汇票还是银行承兑汇票，若是后者，则应收票据的质量是可靠的；如果是商业承兑汇票，应关注企业债务人的信用状况，是否存在到期不能偿付的可能性。

4. 应收账款

应收账款是指企业因销售商品、提供劳务等经营活动应收取的款项。应收账款的金额多少取决于两个因素：企业经营方式及所处的行业特点。一般而言，其金额大小与企业主营业务收入金额成正相关关系。分析时，应当关注其账龄长短、债务人分布是否过于集中以及坏账计提方法是否在不同期间保持一致，计提比率是否恰当，是否有利用坏账调节利润的行为。

【例 2-2】首创公司 2018 年坏账准备计提表如表 2-2 所示。

表 2-2　首创公司 2018 年坏账准备计提表

账　龄	期 末 余 额		
	应收账款／元	坏账准备／元	计 提 比 例
1 年以内	593 135 911.68		
1～2 年	39 605 869.56	1 980 293.50	5.00%
2～3 年	4 343 990.22	217 199.51	5.00%
3～4 年	10 707 103.84	2 141 420.76	20.00%
4～5 年	7 639 599.54	1 527 919.91	20.00%
5 年以上	28 421 039.31	28 421 039.31	100.00%
合计	683 853 514.15	34 287 872.99	5.01%

由表 2-2 可知，首创公司 86.73% 的应收账款均是一年内到期的应收账款，且坏账准备计提总比例在 5% 左右，所以其未来发生大额坏账损失的可能性较小，应收账款变现能力较强。

5. 预付款项

预付款项是指企业按照购货合同规定预付给供应单位的款项。分析时，应当关注预付对象，是否能收到货物。

6. 应收利息

应收利息是指企业应收取的债券投资等利息。分析时可以结合相关项目测算利息金额的合理性。

7. 应收股利

应收股利是指企业应收取的现金股利和应收取其他单位分配的利润。应当结合被投资单位有关利润分配的公告等分析其金额的合理性。

8. 其他应收款

其他应收款是指企业除应收票据、应收账款、预付账款、应收股利、应收利息等经营活动以外的其他各种应收、暂付的款项。分析时应当关注其构成。

9. 存货

存货是指企业期末在库、在途和在加工中的各种存货的可变现净值。本项目根据材料采购、原材料、库存商品、周转材料、委托加工物资、委托代销商品、生产成本等账户的期末余额合计，减去受托代销商品款、存货跌价准备账户期末余额后的金额填列。材料采用计划成本计算，以及库存商品采用计划成本核算和售价核算的企业，还应按加或减材料成本差异、商品进销差价后的金额填列。存货的数量应保持一个适当的水平，持有量过多，会降低存货周转率，降低资金使用效率，增加存货储藏成本；反之，持有量过少，会使企业面临缺货的危险。分析时应当关注存货的可变现净值、各类存货的市场状况和盈利能力、存货的周转状况；存货周转的速度直接关系存货数据质量。

【例 2-3】首创公司 2014—2018 年存货项目数据如表 2-3 所示。

表 2-3　首创公司 2014—2018 年存货项目数据

单位：元

项　目	2014 年	2015 年	2016 年	2017 年	2018 年
原材料	21 258 774.22	43 624 179.00	40 257 975.32	51 967 963.12	94 305 852.82
在产品、自制半成品		4 128 819.68	60 717 078.37	6 461 368.32	13 824 526.83
库存商品	31 156 731.60	14 988 663.20	34 935 742.30	31 802 066.80	65 415 660.11
物料用品	11 126 105.51	6 051 906.02	6 528 277.51	6 637 987.07	1 340 863.44
工程劳务成本	256 684 228.03	286 065 658.76	303 340 261.03	371 041 308.91	476 643 255.53
建造合同形成的已完工未结算资产		1 791 816 856.90	2 016 194 470.95	102 886 937.05	0.00
低值易耗品	2 165 062.68	79 697.00	2 676 303.46	2 509 748.75	103 168.31
开发成本	2 027 415 184.64	1 032 846 154.56	1 154 025 606.96	306 364 496.78	0.00
开发产品	178 813 916.00	309 405 315.76	288 592 691.28	313 125 236.46	0.00
合计	2 528 620 002.68	3 489 007 250.88	3 907 268 407.18	1 192 797 113.26	651 633 327.04

由表 2-3 可以发现，首创公司存货的规模 2014—2016 年逐年递增，从 2017 年开始下跌。其存货的结构中，建造合同形成的已完工未结算资产和开发成本两个项目体现出较强的周期性，也是影响存货总量的主要因素，其他各项存货占比比较稳定。部分存货的趋势如图 2-2 所示。

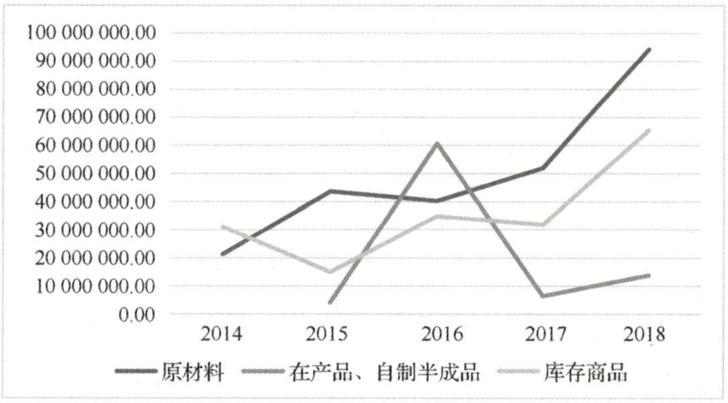

图 2-2　部分存货趋势

10. 其他债权投资和其他权益工具投资

其他债权投资是指企业分类为以公允价值计量且其变动计入其他综合收益的长期债权投资。

其他权益工具投资是指企业指定以公允价值计量且其变动计入其他综合收益的非交易性权益工具投资。

11. 债权投资

债权投资是指到期日固定、回收金额固定或可确定，且企业有明确意图和能力持有至到期的非衍生金融资产，一般指长期债券投资。分析时应当注意对债权相关条款的履约行为、债权人的偿债能力以及持有期内投资收益的确定进行分析。

12. 长期股权投资

长期股权投资是指企业持有的对子公司、联营公司和合营企业的长期股权投资。长期股权投资中的投资收益因为采用不同的会计核算方法而质量不同。成本法下，投资收益来自被投资单位的现金股利；而权益法下，确认的投资收益一般大于收到的现金股利，造成最后一定的投资收益没有对应的现金流支撑。另外，分析时应当关注长期股权投资的减值准备是否充分。对于没有市价的长期股权投资，其价值是否发生减损，应由当时被投资企业进行综合调查分析。例如，观察被投资企业的生产经营是否发生变更，其产品的市场份额是否在下降，其现金流是否恶化。

13. 固定资产

固定资产是指企业各种固定资产原始价值减去累计折旧和累计减值准备后的净额。分析时应关注固定资产规模的合理性、固定资产的结构以及固定资产的折旧政策。

【例 2-4】首创公司 2018 年的固定资产明细表如表 2-4 所示。

表 2-4　首创公司 2018 年固定资产明细表

单位：元

项　目	房屋及建筑物	机 器 设 备	管　网	其 他 设 备	合　计
一、账面原值：					
1. 期初余额	3 471 063 100.29	2 457 734 228.96	1 122 101 534.35	442 358 896.06	7 493 257 759.66
2. 本期增加金额	207 662 810.76	309 198 234.88	35 289 822.91	76 938 581.32	629 089 449.87
（1）购置	77 352 099.58	36 383 737.64	7 172 371.48	36 414 730.20	157 322 938.90
（2）在建工程转入	139 964 591.37	321 736 662.86	28 117 451.43	29 938 064.42	519 756 770.08
（3）企业合并增加	1 468 320.37	546 214.71		836 363.32	2 850 898.40
（4）其他增加	-11 122 200.56	-49 468 380.33		9 749 423.38	
3. 本期减少金额	87 163 119.97	172 731 711.78	14 450 097.12	37 144 805.19	311 489 734.06
（1）处置或报废	87 163 119.97	172 731 711.78	14 450 097.12	22 408 436.16	296 753 365.03
（2）合并减少				3 917 662.31	
（3）其他减少				10 818 706.72	
4. 期末余额	3 591 562 791.08	2 594 200 752.06	1 142 941 260.14	482 152 672.19	7 810 857 475.47
二、累计折旧					
1. 期初余额	988 553 503.44	1 086 039 492.96	341 368 571.78	273 054 528.64	2 689 016 096.82
2. 本期增加金额	141 170 183.43	238 125 032.01	37 343 760.03	45 289 436.85	461 928 412.32
（1）计提	144 562 805.94	246 871 590.20	37 343 760.03	43 609 201.65	472 387 357.82

（续表）

项　目	房屋及建筑物	机 器 设 备	管　网	其 他 设 备	合　计
（2）其他增加	−3 392 622.51	−8 746 558.19		1 680 235.20	
3. 本期减少金额	54 603 360.83	143 554 984.37	13 266 521.64	26 427 019.65	237 851 886.49
（1）处置或报废	54 603 360.83	143 554 984.37	13 266 521.64	20 006 332.57	231 431 199.41
（2）本期转出				6 420 687.08	
4. 期末余额	1 075 120 326.04	1 180 609 540.60	365 445 810.17	291 916 945.84	2 913 092 622.65
三、减值准备					
1. 期初余额					
2. 本期增加金额					
（1）计提					
3. 本期减少金额					
（1）处置或报废					
4. 期末余额					
四、账面价值					
1. 期末账面价值	2 516 442 465.04	1 413 591 211.46	777 495 449.97	190 235 726.35	4 897 764 852.82
2. 期初账面价值	2 482 509 596.85	1 371 694 736.00	780 732 962.57	169 304 367.42	4 804 241 662.84

由表 2-4 可以发现，首创公司 2018 年新增的固定资产大于减少的固定资产，说明企业处于继续扩大固定资产规模的过程中。可以结合现金流量表投资活动现金流量中“处置的固定资产、无形资产和其他长期资产收到的现金”与“构建固定资产、无形资产和其他长期资产支付的现金”对照分析，从另一个侧面分析企业固定资产规模变化和现金流变化之间的关系。

计提固定资产减值准备，主要是为了弥补历史成本的不足，也是为了更为真实地反映企业资产的价值。会计准则给出了资产减值准备计提的条件和标准，并规定固定资产减值准备一经计提不得转回。首创公司报表显示固定资产减值准备发生了较大变化，应该引起报表分析者注意，进一步查找报表附注中关于资产减值准备的说明。

14. 在建工程

在建工程是指企业期末各项未完工工程的实际支出，包括交付安装的设备价款、未完建筑安装工程已经耗用的材料、工资和费用支出、预付出包工程的价款等的可收回金额。对在建工程进行分析时，应当慎重对待资本化的借款费用，仔细分析企业是否将不能资本化的借款费用挤入了在建工程。

15. 无形资产

无形资产是指企业持有的无形资产，包括专利权、非专利技术、商标权、著作权、土地使用权等。分析时应关注无形资产的实际价值、无形资产的结构以及无形资产的折耗政策。

16. 递延所得税资产

递延所得税资产是指企业确认的可抵扣暂时性差异的递延所得税资产。财务分析人员应当分析企业在以后期间能否取得足够的可以利用当期可抵扣暂时性差异的应纳税所得额，否则应当减少递延所得税资产的确认。

2.1.2 主要负债项目分析

负债是指企业过去的交易或者事项形成的、预期会导致经济利益流出企业的现时义务。财务分析人员应当注意企业是否存在未披露的负债，以及企业对各种负债的偿还能力。下面就资产负债表中主要负债项目的分析进行说明。

1. 短期借款

短期借款是指从银行等金融机构借入的，偿还期短于一年（含一年）的借款。财务分析人员应检查企业短期借款的到期期限。

2. 交易性金融负债

交易性金融负债是指企业承担的以公允价值计量且其变动计入当期损益为交易目的所持有的金融负债。分析时应关注划分为该类别的负债是否与上述目的相符，并关注该负债在分析时的公允价值与报表上的数据是否一致。

3. 应付票据

应付票据是指企业购买商品、材料和接受劳务供应开出、承兑的商业汇票，包括银行承兑汇票和商业承兑汇票。财务分析人员应关注应付票据是否带息，企业是否发生过延期支付到期票据的情况，以及企业开具的是商业承兑汇票，还是银行承兑汇票。

4. 应付账款

应付账款是指因购买材料、商品和接受劳务供应等经营活动应支付的款项。分析人员应关注企业应付账款的发生是否与企业购货之间存在比较稳定的关系，是否存在应付账款发生急剧增加以及付款期限拖延的情况。

5. 预收账款

预收账款是指企业按照购货合同规定向购货单位预收的款项。预收账款的分析应关注其实质。

6. 应付职工薪酬

应付职工薪酬是指企业根据相关规定应付给职工的工资、职工福利、社会保障费、住房公积金、工会经费、职工教育经费、非货币性福利、辞退福利等各种薪酬。外商投资企业按规定从净利润中提取的职工奖励及福利基金，也在本项目中列示。财务分析人员应当注意企业是否存在少计负债的问题，以及是否利用应付职工薪酬来调节利润，需要关注企业是否将提供给职工的全部货币与非货币性福利全部计入了应付职工薪酬，是否存在少计、漏计的情况。需要关注企业计入应付职工薪酬的辞退福利是否符合确认的条件，企业对其数据的估计是否合理准确。需要关注企业现金结算的股份支付是否按照权益工具的公允价值计量，企业在可行权日后的每个资产负债表日以及结算日，是否对应付职工薪酬的公允价值重新计量。

7. 应交税费

应交税费是指企业按照税法规定计算应缴纳的各种税费，包括增值税、消费税、所得税、资源税、土地增值税、城市维护建设税、房产税、土地使用税、车船税、教育费附加、矿产资源补偿费等。企业代扣代缴的个人所得税，也通过本项目列示。因为税收种类较多，分析人员在分析时应当了解“应交税费”的具体内容，分析其形成原因，观察该项目是否已经包括了企业未来期间应缴而未缴的所有税费，是否存在实质上已经构成纳税义务，但是企业尚未入账的税费。例如，一些企业已经完成了销售行为，但是拖延开具增值税销售发票，致使增值税销项税额在当期的数额较少，对此，分析人员应当予以关注。

8. 应付利息

应付利息是指企业按照规定应当支付的利息，包括分期付息到期还本的长期借款应支付的利息、企业发行债券应支付的利息等。

9. 长期借款

长期借款是指企业向银行或其他金融机构借入的期限在一年以上（不含一年）的各种借款。财务分析人员首先应当观察企业长期借款的用途，长期借款的增加与企业长期资产的增加是否相匹配，是否存在将长期借款用于流动资产支出；其次，企业长期借款的数额是否有较大波动，波动的原因是什么；再次，应观察企业的盈利能力，因为与短期借款不同，长期借款的本金和利息的支付来自企业盈利，所以盈利能力应与长期借款规模相配比。

10. 应付债券

应付债券是指企业为筹集长期资金而发行的债券本金和利息。对于企业发行的债券，分析人员应当关注债券的有关条款，查看该债券的付息方式是到期一次还本付息、分期付息到期还本，还是分期还本付息。如果存在溢折价，看企业对于溢折价的摊销和实际利息费用的确认是否准确。再有，应关注债券是否存在可赎回条款，企业是否具有可用于赎回的资金准备。此外，分析人员还应关注债券是否具有可转换条款，对于可转换债券的核算，我国会计准则要求应当将转换权单独分离出来计入资本公积，转换时不发生转换损益，转换时增加企业的所有者权益项目。在分析可转换债券的质量时，应检查企业当前的股票价格与条款中规定的转换价格之间的差异，如果当前的股价远低于规定的转换价格，应当怀疑到期转换的可能性；反之，如果当前的股价高于规定的转换价格，则可以预见到期转换是可能实现的，企业最终将不承担还本付息的义务，减少未来期间权益现金流出，有助于减少企业的财务压力。

11. 长期应付款

长期应付款是指企业除长期借款和应付债券以外的各种长期应付款项，包括采用补偿贸易方式下引进国外设备应付的价款、融资租入固定资产的租赁费等。

补偿贸易是从国外引进设备，再用设备所生产的产品归还设备价款，这样既销售了产品又偿还了债务。可以看出该债务的偿还属于非货币性的，所以应当关注企业设备安装是否及时到位，生产能否如期进行，产品的成本能否得到有效的控制等。

融资租赁是企业一种融资方式，该方式可以使得企业在资金不足的情况下获得所需要的生产设备，此后又以租赁费的方式分期还款，减少了到期一次还款的压力。企业融资租赁的固定资产，在租赁期间没有所有权，但是由于其风险和报酬已经发生实质性转移，企业具有实质的控制权，因而视为自有的固定资产进行核算。财务分析人员应当注意企业的融资租赁是否符合确认条件；

在租赁期开始日，企业是否将租赁资产的公允价值与最低租赁付款额现值两者中较低者作为租赁资产的入账价值，将最低租赁付款额作为长期应付款的入账价值，其差额作为未确认融资费用；企业是否采用与自有固定资产相一致的折旧政策计提租赁资产折旧；企业融资租赁的固定资产是否已经按照企业最初的意愿形成生产能力，其资产收益率能否超过融资租赁的内含利率，否则将影响长期应付款的偿还。

12. 递延所得税负债

递延所得税负债是指企业确认的应纳税暂时性差异产生的所得税负债。应纳税暂时性差异产生于下列情况：第一，资产的账面价值大于其计税基础；第二，负债的账面价值小于其计税基础。由此产生递延所得税负债，所以财务分析人员应当关注资产和负债的计税基础和账面价值，核实企业的递延所得税负债是否真实，是否存在少计、漏计的情况。

2.1.3 所有者权益主要项目分析

所有者权益是指企业资产扣除负债后由所有者享有的剩余权益，公司所有者权益又称股东权益。除非发生减资、清算或分配现金股利等情况，否则企业不需要偿还所有者权益；企业清算时，只有在清偿所有的负债后，所有者权益才返还给投资者；所有者凭借所有者权益能够参与企业利润的分配。所有者权益包括实收资本（股本）、资本公积、盈余公积、未分配利润等。

1. 实收资本

实收资本是指企业按照章程规定或合同协议约定，接受投资者投入企业的资本。实收资本或股本的构成比例是投资者的出资比例或股东的股份比例，是确定所有者在企业所有者权益中份额的基础；是确定所有者参与企业生产经营决策的基础；是企业进行利润或股利分配的依据，是企业清算时确定所有者对净资产要求权的依据。分析时，应根据公司章程或合同，结合资本公积中的资本溢价分析企业资本的真实性和是否按规定出资。

2. 资本公积

资本公积是企业收到投资者出资额超出其注册资本（或股本）中所占份额的部分（溢价），以及其他资本公积，包括资本（股本）溢价和其他资本公积。分析时，应结合实收资本分析资本（股本）溢价的真实性；结合长期投资、可供出售金融资产等分析其他资本公积的正确性。

3. 盈余公积

盈余是企业按有关规定从净利润中提取的积累资金。盈余公积包括法定盈余公积和任意盈余公积，主要用于弥补亏损、转增资本、发放现金股利或利润。分析时主要关注法定盈余公积的提取是否遵守了法律规定的比例，任意盈余公积的提取是否经由股东（大）会决议，盈余公积的使用是否符合相关规定。

4. 未分配利润

未分配利润是企业实现的净利润在弥补亏损、提取盈余公积和向投资者分配利润后留存于企业的历年结存的利润，企业使用未分配利润有较大自主权。

2.2 利润表项目分析

cfo 要求你知道

利润表的最终结果就是"净利润"，将"净利润"作为"纲"，利润表中的其他科目作为"目"，"纲"举"目"张，此为分析利润表的一个思路。

关键术语

营业收入（Operating revenue）
期间费用（Period charge）
营业利润（Operating profit）
利润总额（Total profit）
净利润（Net profit）

2.2.1 收入类项目分析

1. 收入项目的特点及构成

广义的收入包括营业收入、投资收益和营业外收入；狭义的收入仅指营业收入。我国《企业会计准则——收入》是从狭义的角度对收入进行定义的：收入是指企业由于销售商品、提供劳务及他人使用本企业的资产所发生的或即将发生的经济利益的总流入，不包括为第三方或客户代收的款项。收入具有以下特点：

（1）收入从企业的日常活动中产生，而不是从偶发的交易或事项中产生。有些交易或事项也能为企业带来经济利益，但不属于企业的日常活动，其流入的经济利益是利得，而不是收入。例如出售固定资产，因固定资产是为使用而不是为出售而购入的，将固定资产出售并不是企业的经营目标，也不属于企业的日常活动，因此出售固定资产取得的收益不作为收入核算。

（2）收入可能表现为企业资产的增加，如增加银行存款、应收账款等；也可能表现为企业负债的减少，如以商品或劳务抵偿债务；或者二者兼而有之，如商品销售的货款中部分抵偿债务，部分收取现金。这里所指的以商品或劳务抵债不包括债务重组中的以商品抵债。

（3）收入能导致企业所有者权益的增加，收入能增加资产或减少负债或二者兼而有之。因此，根据“资产－负债＝所有者权益”的公式，企业取得收入一定能增加所有者权益。但收入扣除相关成本费用后的净额，则可能增加所有者权益，也可能减少所有者权益。这里仅指收入本身导致的所有者权益的增加，而不是指收入扣除相关成本费用后的毛利对所有者权益的影响，因此，我国收入准则将收入定义为“经济利益的总流入”。

（4）收入只包括本企业经济利益的流入，不包括为第三方或客户代收的款项，如增值税、代收利息等。代收的款项一方面增加企业的资产，一方面增加企业的负债。因此不增加企业所有者权益，也不属于企业的经济利益，不能作为本企业的收入。

根据收入的特征，收入主要包括主营业务收入和其他业务收入，他人使用本企业资产而产生的利益流入，如债权投资和股权投资产生的利息和股利收入也包含在内，但由于这部分收入是一种将费用扣除后的收益，因而对它的分析以及对营业外收入的分析将在利润的分析中进行介绍。

主营业务收入是指企业经营性经济业务产生的收入。对于工业企业来说，主营业务收入是指销售产成品、自制半成品所取得的产品销售收入以及提供工业性劳务所发生的收入；对商品流通企业而言，主营业务收入则是指商品销售收入，包括自购自销商品的销售收入、进出口业务销售收入、接受其他单位委托代销商品的销售收入以及代购代销的手续费收入等。

其他业务收入是指各类企业除了主营业务以外不独立核算的其他业务或附营业务所发生的收入。例如，工业、企业的材料销售、技术转让、固定资产出租、包装物出租等业务取得的收入，均属于其他业务收入范畴。

2. 收入项目的分析

（1）收入的确认与计量分析。

我国收入准则对收入的确认标准规定得比较原则化，注重交易的经济实质。例如，在商品销售的交易中，要求企业在确认收入时，判断商品所有权上的主要风险和报酬是否转移买方，而并不注重表面上商品是否已经发出；要求企业判断商品的价款能否收回，而并不注重形式上是否已取得收取价款的权利。这就要求企业针对不同交易的特点，分析交易的实质，正确判断每项交易中所有权上的主要风险和报酬实质上是否已转移、是否仍保留与所有权相关的继续管理权、是否仍对售出的商品实施控制、相关的经济利益能否流入企业、收入和相关成本能否可靠计量等重要条件，只有这些条件同时满足，才能确认收入，否则，即使已经发出商品（或已经收到货款），也不能确认收入。因此，在对收入的确认进行分析时，可重点分析本期收入与前期收入或后期收入的时间界限有无混淆的现象；采用完工百分比法、完成合同法的条件与估计方法是否合理；以及某些特殊情况，如商品需要安装或检验、买主拥有退货权时的收入确认等。实践证明，这些方面正是会计造假的关键所在。

对收入的计量分析要注意销售退回、折扣与折让的计量是否准确。根据会计准则相关规定，销售折让的计量比较简单，而销售折扣问题相对复杂，应作为分析的重点。分析时应根据商业折扣与现金折扣的特点，分别分析折扣的合理性以及对企业收入的影响。

（2）销售数量与销售价格分析。

企业营业收入的大小主要受销售总收入和销售价格的影响。因此，进行营业收入分析，应在分析收入总量变动的基础上，进一步确认销售量和价格对其的影响程度。具体分析步骤如下：

① 计算营业收入增长额和增长率：

营业收入增长额 = 本期实际营业收入 − 基期营业收入

$$营业收入增长率 = \frac{营业收入增长额}{基期营业收入} \times 100\%$$

② 计算销售量变动对营业收入的影响：

销售量变动对营业收入的影响 = 基期营业收入 × 销售量增长率

$$销售量增长率 = \left(\frac{\sum 产品实际销售量 \times 基期单价}{\sum 产品基期销售量 \times 基期单价} - 1\right) \times 100\%$$

③ 计算价格变动对收入的影响：

价格变动对收入的影响 = 营业收入增长额 − 销售量变动对营业收入的影响

通过销售量与价格对收入的影响分析，不仅可明确企业销售量及价格对收入的影响程度，而且可了解企业的竞争战略选择及其效果。

2.2.2 费用类项目分析

成本费用是指企业在一定期间因生产销售商品、提供劳务或其他活动，所发生的资产的流出及其他消耗，或负债的发生。从经营成果确定的角度来看，成本费用主要分为两大类。

1. 直接费用

直接费用是指与主营业务收入的取得存在直接因果关系，基本上随主营业务收入的增加而等比例增加的费用，即主营业务成本。他主要是制造企业由产品生产成本直接转化而来的销售成本，以及商业企业由商品进货成本直接转化而来的销售成本，或因提供劳务或让渡资产使用权等日常活动而发生的实际成本。

2. 期间费用

期间费用是指企业主要经营活动中必定要发生，但与主营业务收入的取得不存在明显的直接因果关系，而且无法或没有必要用系统的方法加以摊销的费用，如企业发生的销售费用、管理费用和财务费用等，这类费用作为某一会计期间的费用，直接与上一会计期间的收入配比。

（1）销售费用。

销售费用是企业销售产品过程中发生的费用，包括运输费、装卸费、包装费、保险费、展览费和广告费，以及因销售本企业商品而专设的销售机构（含销售网点、售后服务网点等）的职工工资及福利费、类似工资性质的费用、业务费等经营费用。对商品流通企业来说，还包括在购买商品过程中发生的运输费、装卸费、包装费、保险费、运输途中的合理损耗和入库前的挑选整理费等。

【例 2-5】首创公司 2014—2018 年销售费用支出情况如表 2-5 所示。

表 2-5 首创公司 2014—2018 年销售费用支出情况

项 目	2014 年	2015 年	2016 年	2017 年	2018 年
销售费用 / 元	67 819 768.57	43 449 624.42	50 111 554.92	44 717 177.54	60 201 428.84

销售费用的支出趋势如图 2-3 所示。

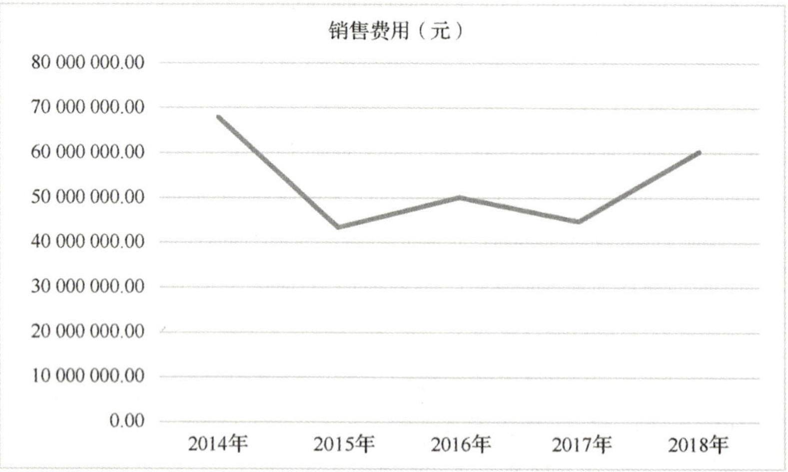

图 2-3 销售费用支出趋势

一般来说，良好发展的企业销售费用不会出现大幅下降，一般会呈现上升态势。首创公司近几年销售费用呈现一定的波动，应结合其产品结构调整、销售收入和营销策略进行分析。销售费用的增加不一定是坏事，片面追求销售费用的降低，有可能对企业的长期发展不利。因此，销售费用的绝对值应当与营业收入和利润情况相结合，进行深入分析。

（2）管理费用。

管理费用是企业为组织和管理生产经营活动所发生的费用，包括企业的董事会和行政管理部门在企业的经营管理过程中发生的或者应由企业统一负担的公司经费（包括行政管理部门职工工资、修理费、物料消耗、低值易耗品摊销、办公费和差旅费等）、工会经费、待业保险费、劳动保险费、董事会费（包括董事会成员津贴、会议费和差旅费等）、聘请中介机构费、咨询费（含顾问费）、诉讼费、业务招待费、矿产资源补偿费、技术转让费、无形资产摊销、职工教育经费、研究与开发费、排污费、存货盘亏或盘盈（不包括应计入营业外支出的存货损失）、计提的坏账准备和存货跌价准备等。

【例 2-6】首创公司 2014—2018 年管理费用支出情况如表 2-6 所示。

表 2-6 首创公司 2014—2018 年管理费用支出情况

项 目	2014 年	2015 年	2016 年	2017 年	2018 年
管理费用 / 元	617 109 136.95	600 557 957.84	1 061 102 438.09	1 252 781 989.69	1 282 991 299.24

管理费用的支出趋势如图 2-4 所示。

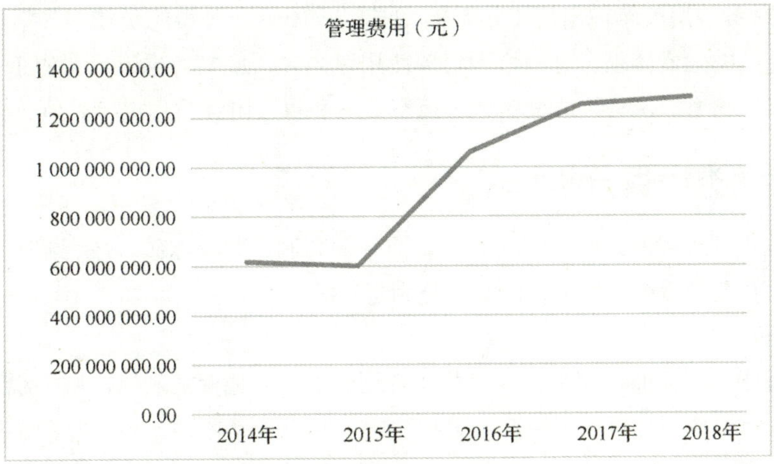

图 2-4　管理费用支出趋势

对于管理费用在企业的组织结构、管理风格、管理手段、业务规模等方面变化不大的情况下，企业的管理费用规模变化不会太大。首创公司管理费用呈现较为明显的增长态势，需要进一步分析其影响因素，避免因公司铺张浪费现象和违规报销等问题致使管理费用剧增给企业带来损失。

3. 财务费用

财务费用是企业为筹集生产经营所需资金而发生的费用，包括利息支出（减利息收入）、汇兑损失（减汇兑收益）以及相关的手续费等。为购建固定资产专门借款所发生的借款费用，在固定资产达到预定可使用状态前按规定应予以资本化的部分，不包括在财务费用内。

【例 2-7】首创公司 2014—2018 年财务费用支出情况如表 2-7 所示。

表 2-7　首创公司 2014—2018 年财务费用支出情况

项　目	2014 年	2015 年	2016 年	2017 年	2018 年
财务费用 / 元	390 080 148.43	552 615 897.89	551 313 477.43	753 934 569.70	911 655 767.95

财务费用的支出趋势如图 2-5 所示。

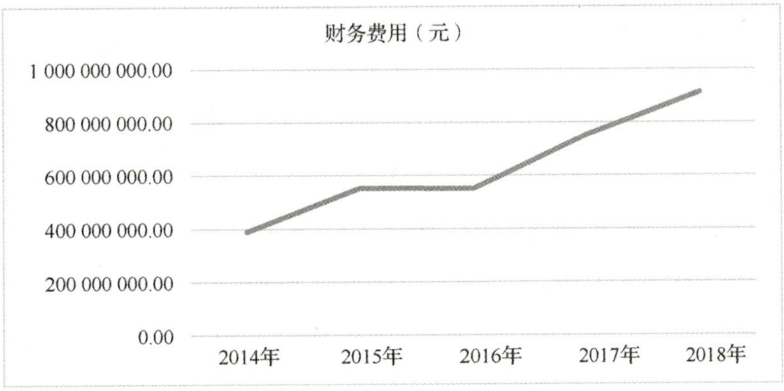

图 2-5　财务费用支出趋势

首创公司财务费用 5 年内出现了倍数的增长，需要结合公司的负债增加情况进行分析。业务扩张会带来更高的融资需求，进而增加财务费用。同时，应当考虑出口型的企业还会因为外币结算导致汇兑损失的增加，具体情况应结合比率数据和报表附注信息进行具体分析。

2.2.3 利润类项目分析

利润表的重点项目主要是四个利润项目，即营业利润、利润总额、净利润、每股收益。这四个利润项目的内涵及实际意义均不相同，应分别进行分析。

1. 营业利润

按现行制度规定，营业利润是企业主营业务利润加上其他业务利润，减去税金及附加销售费用、管理费用、财务费用，再加上资产减值损失公允价值变动收益、投资收益、资产处置收益和其他收益后的金额。

企业营业利润的多少代表了企业的总体经营管理水平。通常营业利润越大的企业，效益越好。

（1）营业利润额较大。

当企业营业利润额较大时，通常认为该企业经营管理水平和效果较好。但在分析中，应注意以下问题：

因为营业利润也包括了其他业务利润，所以对于实行多元化经营的企业来说，多种经营业务开展得较好时，其他业务利润会弥补主营业务利润低的缺陷；如果企业其他业务利润长期高于主营业务利润，企业应适当考虑产业结构调整问题。

应注意其他业务利润的用途，是用于发展主营业务，还是用于非生产经营性消费（如购买小汽车、高档装修）。如果是前者，企业的盈利能力会越来越强；如果是后者，则使企业缺乏长远盈利能力。

应关注投资收益的来源，如果是产业性投资收益，则企业具有可持续发展的潜力。

（2）营业利润额较小。

当企业营业利润较小时，应着重分析主营业务利润的大小、多种经营的发展情况和期间费用的多少。如果企业主营业务利润和其他业务利润均较大，但其期间费用较高，或者说投资收益出现较大亏损，也会使营业利润减少，这就要重点分析营业费用、管理费用和财务费用三项费用的构成情况，找出三项费用居高的原因，严格进行控制和管理，通过降低费用提高营业利润。

2. 利润总额和净利润

企业的利润总额是由营业利润、营业外收入和营业外支出等非营业利润组成的。净利润等于利润总额减去所得税后的余额。

正常情况下，企业的非营业利润较少，所得税也是相对稳定的，因此，只要营业利润较大，利润总额和净利润也会较高。在分析时要注意盈利的质量高低，即盈利是否具有可持续性。

【例 2-8】首创公司 2014—2018 年利润类项目分析如表 2-8 所示。

表 2-8　首创公司 2014—2018 年利润类项目分析

单位：元

项　目	2014 年	2015 年	2016 年	2017 年	2018 年
营业利润	757 229 089.08	762 365 590.06	706 544 627.34	673 244 196.61	1 009 175 076.43
利润总额	1 093 571 471.17	871 956 285.87	923 875 166.60	948 726 517.35	971 882 048.83
净利润	848 367 152.33	688 139 405.01	701 387 524.60	646 177 941.21	702 146 742.60

利润类项目趋势如图 2-6 所示。

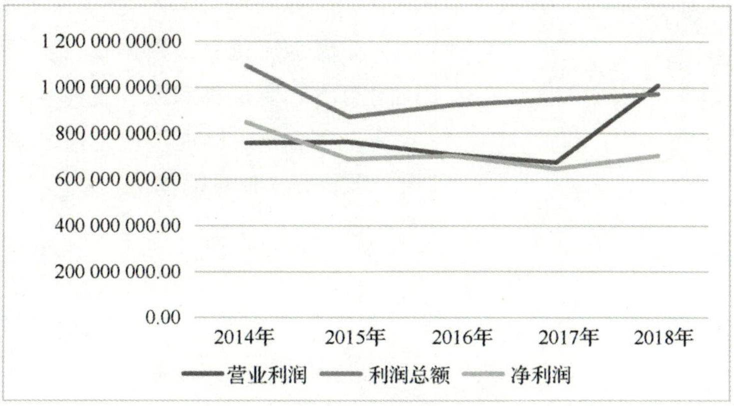

图 2-6　利润类项目趋势

由表 2-8 和图 2-6 可以发现，首创公司的净利润在波动中略微下降，总体来看较为稳定。近年来，利润总额表现较为稳定，但是营业利润出现了较大的提升。这意味着，利润总额的构成比例发生了改变，这种改变还需要结合公司的业务情况，进一步分析利润的稳健性和可持续性。

3. 每股收益

基本每股收益 = 归属于普通股股东的当期净利润 ÷ 当期发行在外普通股的加权平均数稀释每股收益。企业存在稀释性潜在普通股的，应当分别调整归属于普通股股东的当期净利润和发行在外普通股股东的加权平均数，并据以计算稀释每股收益。

每股收益是衡量上市公司盈利能力最重要的财务指标，它反映普通股的获利水平。 在分析时，可以进行公司间的比较，以评价该公司相对的盈利能力；可以进行不同时期的比较，了解该公司盈利能力的变化趋势；也可以进行经营实绩和盈利预测的比较，掌握该公司的管理能力。

使用每股收益分析盈利性要注意以下问题：

（1）每股收益不反映股票所含有的风险。例如，假设某公司原来经营日用品的产销，最近转向房地产投资，公司的经营风险增大了许多，但每股收益可能不变或提高，并没有反映风险增加的不利变化。

（2）股票是一个“份额”概念，不同股票的每一股在经济上不等量，它们所含有的净资产和市价不同，即换取每股收益的投入量不相同，限制了每股收益的公司间比较。

（3）每股收益多，不一定意味着多分红，还要看公司股利分配政策。

2.3 现金流量表项目分析

cfo 要求你知道

现金流量表是根据收付实现制来编制的，只要是收到或者支付现金，都会反映在表中。因此，现金流量表天然具有监控资金流量的作用。

关键术语

经营活动现金流量（Cash flow from operation）
投资活动现金流量（Cash flow from investing activities）
筹资活动现金流量（Cash flow from financing activities）

2.3.1 经营活动现金流量的项目分析

1. 经营活动现金流量净额分析

（1）经营活动产生的现金流量净额小于零。

经营活动产生的现金流量小于零，意味着企业通过正常的商品购、产、销所带来的现金流入量不足以补偿因上述经营活动而引起的现金流出。从企业的成长过程分析，在企业从事经营活动初期，由于在生产阶段的各个环节都处于“磨合”状态，因此，设备、人力资源的利用率相对较低，材料的消耗量相对较高。同时，为了开拓市场，企业有可能投入较多资金，采用各种手段将自己的产品推向市场，从而使企业在这一时期的经营活动现金流量表现为“入不敷出”的状态。如果是这样，那么此时经营活动产生的现金流量净额小于零，可以说是企业在发展过程中不可避免的正常现象。但是，如果企业在正常生产经营期间仍然出现这种小于零的状态，则意味着经营过程的现金流转存在问题。在这种情况下，企业不仅不能长期发展，甚至难以在短期内进行简单再生产。如果这种局面长期内不能被改变，则企业将陷入财务危机状态。

（2）经营活动产生的现金流量净额等于零。

此种情况现实中比较少见，意味着经营过程中的现金“收支平衡”。从长期来看，如果企业持续出现这种状态，则对企业的发展不利。因为在企业的成本消耗中，除了部分付现成本费用外，还会发生一些非付现的成本费用，这些成本费用在生产经营过程中短期内不涉及现金支付，如无形资产摊销、递延资产摊销、固定资产折旧、预提费用等，但是从长期来看，这些项目的现金流出迟早会发生。当企业简单再生产条件不再具备，如需要对陈旧设备进行更新改造时，则简单再生产也无法维持。

（3）经营活动产生的现金流量净额大于零。

一般而言，企业经营活动现金流量净额大于零意味着企业生产经营比较正常，具有“自我造血”的功能，且企业经营活动现金流量净额占总现金流量净额的比率越大，说明企业的现金状况越稳定，支付能力越有保障。分析人员应关注大于零的程度，能否补偿非付现成本费用。如果企业当期经营活动现金流量净额在大于零的基础上还能补偿当期发生的非付现成本费用，说明剩余的现金在未来期间基本上不再为经营活动所需，则企业可以将这部分现金用于扩大生产规模，或者选择其他有盈利能力的项目进行投资，从而增加企业的竞争能力。如果企业当期经营活动现金流量净额大于零，但不足以补偿当期发生的非付现成本费用，则企业就难以抽出长期资金进行投资，难以得到战略上的发展。因此，分析人员不仅要注意经营活动现金流量净额是否大于零，还应注意大于零的程度能否补偿非付现成本费用。

2. 经营活动现金流量的具体项目分析

（1）销售商品、提供劳务收到的现金。

本项目反映企业本期销售商品、提供劳务收到的现金，以及前期销售商品、提供劳务在本期收到的现金（包括销售收入和应向购货方收取的增值税销项税额）和本期预收的款项，减去本期销售退回的商品和前期销售本期退回的商品支付的现金。企业销售材料和代购代销业务收到的现金也在本项目反映。

本项目是企业现金产生的源泉，其数额不仅取决于当期销售商品、提供劳务取得的收入数额，还取决于企业的信用政策，这两个因素在未来期间都具有很强的持续性，分析人员应重点关注本项目。财务分析人员可将此项目与“购进商品、接受劳务付出的现金”项目进行比较。在企业经营正常、购销平衡的情况下，二者比较是有意义的，比率大，说明企业的销售利润大，销售回款良好，创现能力强。财务分析人员也可将此项目金额与经营活动流入的现金总额比较，可大致说明企业产品销售现款占经营活动流入现金的比重有多大。比重大，说明企业主营业务突出，营销状况良好。

（2）收到的税费返还。

本项目反映企业收到返还的各种税费，如收到的增值税、消费税、关税、所得税、教育费附加返还款等。

该项目体现了企业在税收方面享受政策优惠所获得的已缴税金的回流金额，财务分析人员应关注在未来可持续的时间企业享受的税收优惠，以及哪些税收项目享受优惠。

（3）收到其他与经营活动有关的现金。

本项目反映企业除了上述各项目外，收到的其他与经营活动有关的现金流入，如罚款收入、经营租赁收到的租金、流动资产损失中由个人赔偿的现金收入等。其他现金流入中价值较大的，应单列项目反映。

该项目内容往往具有一定的偶然性，财务分析人员在分析时不应过多关注，如果该项目金额较大，还应观察剔除该项目后企业经营活动现金流量净额的情况。

（4）购买商品、接受劳务支付的现金。

本项目反映企业本期购买商品、接受劳务实际支付的现金，包括增值税进项税额，以及本期支付前期购买商品、接受劳务的未付款项和本期预付款项，减去本期发生的购货退回收到的现金。

该项目是企业日常生产经营活动中支付现金的主要部分，在未来的持续性较强。财务分析人员应关注企业该项目的内容和构成，并与“销售商品、提供劳务收到的现金”项目结合分析。

（5）支付给职工以及为职工支付的现金。

本项目反映企业本期实际支付给职工的工资、奖金、各种津贴和补贴等职工薪酬，但是应由在建工程、无形资产负担的职工薪酬以及支付的离退休人员的职工薪酬除外。

财务分析人员应关注项目内容，企业是否将不应纳入其中的部分计算在内，同时该项目也可以在一定程度上反映企业生产经营规模的变化。

（6）支付的各项税费。

本项目反映企业本期发生并支付的、本期支付以前各期发生的，以及预缴的教育费附加、矿产资源补偿费、印花税、房产税、土地增值税、车船使用税等税费，计入固定资产价值、实际支付的耕地占用税、本期退回的增值税、所得税等除外。通过该项目，分析人员可以获知企业真实税负状况。

（7）支付的其他与经营活动有关的现金。

本项目反映企业支付的罚款支出、差旅费、业务招待费、保险费、经营租赁支付的现金等其他与经营活动有关的现金流出，金额较大的应当单独列示。

【例 2-9】首创公司 2017 年和 2018 年比较经营活动现金流量的项目分析如表 2-9 所示。

表 2-9　经营活动现金流量的项目分析

单位：元

项　目	2017 年	2018 年	增 长 额	增 长 率
销售商品、提供劳务收到的现金	9 225 610 728.73	8 229 117 172.10	−996 493 556.63	−10.80%
收到的税费返还	99 898 359.62	121 420 092.20	21 521 732.58	21.54%
收到其他与经营活动有关的现金	722 329 554.50	870 138 397.51	147 808 843.01	20.46%
经营活动现金流入小计	10 047 838 642.85	9 220 675 661.81	−827 162 981.04	−8.23%
购买商品、接受劳务支付的现金	3 374 836 502.25	3 162 710 390.88	−212 126 111.37	−6.29%
支付给职工以及为职工支付的现金	1 537 435 217.23	1 726 350 610.69	188 915 393.46	12.29%
支付的各项税费	1 007 883 604.91	922 868 867.39	−85 014 737.52	−8.43%
支付其他与经营活动有关的现金	1 169 489 948.34	919 487 859.77	−250 002 088.57	−21.38%
经营活动现金流出小计	7 089 645 272.73	6 731 417 728.73	−358 227 544.00	−5.05%
经营活动产生的现金流量净额	2 958 193 370.12	2 489 257 933.08	−468 935 437.04	−15.85%

首创公司2018年经营活动产生的现金流净额为2 489 257 933.08元，从绝对值来看经营活动的获现能力较强。但是从年度比较情况来看，2018年的经营活动产生的现金流净额呈现出减少的情况。从具体项目来看，“销售商品、提供劳务收到的现金”项目数据下滑严重，需要注意公司的一般经营的发展趋势。

2.3.2 投资活动现金流量的项目分析

1. 投资活动现金流量净额分析

（1）投资活动产生的现金流量净额小于零。

投资活动产生的现金流量净额小于零，意味着企业在购建固定资产、无形资产、其他长期资产以及对外投资等方面所支付的现金之和，大于企业在收回投资、取得投资收益、处置固定资产、无形资产和其他长期资产而收到的现金净额之和。这种情况的发生，或是由于企业投资收益状况较差，投资没取得经济效益，并导致现金净流出；或是由于企业当期有较大的投资，因为大额投资一般会形成长期资产，并影响企业今后的生产经营能力，所以这种状况下对企业的长远发展有利。分析人员应注意区分这两种原因。

（2）投资活动产生的现金流量大于或等于零。

投资活动产生的现金流量大于或等于零，意味着企业在投资活动方面的现金流入量大于流出量。这种情况的发生，或是由于企业投资收益显著，尤其是短期投资回报收现能力较强；或是由于企业因为财务危机，同时又难以从外部筹资，而不得不处置一些长期资产，以补偿日常经营活动的现金需求。如果是后一种情况，分析人员应进一步研究企业的财务状况以及以后期间是否会演化为财务危机。

2. 投资活动现金流量的具体项目分析

（1）收回投资收到的现金。

本项目反映企业出售、转让或到期收回除现金等价物外的交易性金融资产、长期股权投资而收到的现金，以及收回持有至到期投资本金而收到的现金，但持有至到期投资收回的利息除外。

财务分析人员应当注意企业是否将原本划分为持有至到期的投资在其到期之前出售，如果存在此种情况，应注意企业是否存在现金流量吃紧的问题。此外，如果企业处置了长期股权投资，应确定处置的意图是什么，是因为被投资企业的收益下滑，还是因为企业调整了未来期间的战略。

（2）取得投资收益收到的现金。

本项目反映企业因股权投资而分得的现金股利，从子公司、联营企业或合营企业分回利润而收到的现金，以及因债权性投资而取得现金利息收入，但股票股利除外。

（3）处置固定资产、无形资产和其他长期资产收回的现金净额。

本项目反映企业处置固定资产、无形资产和其他长期资产所取得的现金，减去为处置这些资产而支付的有关费用后的净额。由于自然灾害所造成的固定资产等长期资产损失而收到的保险赔偿收入，也在本项目反映。

财务分析人员应关注企业处置这些长期资产的目的，以及这些资产在企业总体经营活动中的地位和作用。如果企业处置的是正在使用的固定资产或无形资产，应确定企业是因为调整未来经营方向，缩减当前规模，准备转产，还是因为企业当前遇到了现金流危机，需要变现部分长期资产来应急。

（4）处置子公司及其他营业单位收到的现金净额。

本项目反映企业处置子公司及其他营业单位收到的现金减去相关处置费用后的净额。

财务分析人员应关注企业处置子公司及其他营业单位的目的，是因为调整未来经营方向，缩减当前规模，准备转产，还是因为企业当前遇到了现金流危机，需要变现来应急。分析者应当关注这种处置行为对企业的长远影响。

（5）收到的其他与投资活动有关的现金。

本项目反映企业除了上述各项目外，收到的其他与投资活动有关的现金。其他与投资活动有关的现金，如果价值较大，应单列项目反映。

（6）购建固定资产、无形资产和其他长期资产支付的现金。

本项目反映企业购买、建造固定资产，取得无形资产和其他长期资产所支付的现金，不包括为购建固定资产而发生的借款利息资本化的部分，以及融资租入固定资产支付的租赁费。借款利息和融资租入固定资产支付的租赁费，在筹资活动产生的现金流量中反映。

该项目金额增大表示企业对经营规模或者经营方向进行了调整，这对企业未来期间的利润和经营现金流量都会造成影响。需要注意的是，不同经营周期的企业在该项目上发生的金额也不同，一般处于初创期和成长期的企业投资较多，本项目发生金额较大，而在衰退期的企业很少投资，甚至会卖出长期资产，降低经营规模。

（7）投资支付的现金。

本项目反映企业进行权益性投资和债权性投资支付的现金，包括企业取得的除现金等价物以外的交易性金融资产、长期股权投资、持有至到期投资、可供出售金融资产支付的现金，以及支付的佣金、手续费等附加费用。企业购买股票和债券时，实际支付的价款中包含的已宣告但尚未领取的现金股利或已到付息期但尚未领取的债券的利息，应在投资活动的“支付的其他与投资活动有关的现金”项目中反映，收回购买股票和债券时支付的已宣告但尚未领取的现金股利或已到付息期但尚未领取的债权的利息，在投资活动的“收到的其他与投资活动有关的现金”项目反映。

财务分析人员应当关注企业在本部分的支出金额是否来自闲置资金，是否存在挪用主营业务资金进行投资的行为。

（8）取得子公司及其他营业单位支付的现金净额。

本项目反映企业购买子公司及其他营业单位购买出价中以现金支付的部分，减去子公司或其他营业单位持有的现金和现金等价物后的净额。

（9）支付的其他与投资活动有关的现金。

本项目反映企业除了上述各项目外，支付的其他与投资活动有关的现金。其他与投资活动相关的现金，如果价值较大，应单列项目反映。

【例 2-10】首创公司 2017 年和 2018 年比较投资活动现金流量的项目分析如表 2-10 所示。

表 2-10　比较投资活动现金流量的项目分析

单位：元

项　　目	2017 年	2018 年	增　长　额	增 长 率
收回投资收到的现金	697 818 620.73	1 292 356 197.31	594 537 576.58	85.20%
取得投资收益收到的现金	195 812 634.18	161 943 016.76	−33 869 617.42	−17.30%
处置固定资产、无形资产和其他长期资产收回的现金净额	5 308 850.02	268 049 396.89	262 740 546.87	4949.10%
收到其他与投资活动有关的现金	622 921 374.02	103 241 066.63	−519 680 307.39	−83.43%
投资活动现金流入小计	1 521 861 478.95	1 825 589 677.59	303 728 198.64	19.96%
购建固定资产、无形资产和其他长期资产支付的现金	4 462 251 282.77	7 449 826 819.79	2 987 575 537.02	66.95%
投资支付的现金	792 713 994.31	653 729 620.92	−138 984 373.39	−17.53%
取得子公司及其他营业单位支付的现金净额	102 902 114.06	534 827 600.55	431 925 486.49	419.74%
支付其他与投资活动有关的现金	51 871 900.82	207 377 894.48	155 505 993.66	299.79%
投资活动现金流出小计	5 409 739 291.96	8 845 761 935.74	3 436 022 643.78	63.52%
投资活动产生的现金流量净额	−3 887 877 813.01	−7 020 172 258.15	−3 132 294 445.14	80.57%

首创公司投资活动产生的现金流量净额连续两年为负，对比 2017 年，2018 年呈现持续下降的趋势。具体来看，主要是由于“购建固定资产、无形资产和其他长期资产支付的现金”的支出增加，对 2018 年投资活动产生的现金流量净额产生了较大影响。

2.3.3　筹资活动产生的现金流量有关项目的编制

1. 筹资活动现金流量净额分析

（1）筹资活动产生的现金流量净额小于零。

筹资活动产生的现金流量净额小于零，意味着企业在吸收权益性投资、借款等方面所收到的现金之和大于企业在偿还债务、偿付利息和股利等方面所支付的现金之和。这种情况的出现，或是由于企业在本会计期间集中发生偿还债务、偿付利息和股利；或是由于企业经营活动与投资活动在现金流量方面运转较好、有能力完成上述各项支付。但是，企业筹资活动产生的现金流量净额小于零，也可能是企业在投资和扩张方面没有更多作为的一种表现。

（2）筹资活动产生的现金流量净额大于零。

筹资活动产生的现金流量净额大于零，意味着企业在吸收权益性投资、借款等方面所收到的现金之和大于企业在偿还债务、偿付利息和股利等方面所支付的现金之和。

企业处于发展的起步阶段，需要大量资金，在企业经营活动产生的现金流量小于零的条件下，企业对现金的需求主要通过筹资活动来解决。因此，财务分析人员应当分析企业筹资活动产生的现金流量净额大于零是否正常，企业的筹资活动是否已经被纳入企业的发展规划，是企业管理层以扩大投资和经营活动为目标的主动筹资行为还是企业因投资活动和经营活动的现金流出失控而不得已的筹资行为。

2. 筹资活动现金流量项目的具体分析

（1）吸收投资收到的现金。

本项目反映企业以发行股票、债券等方式筹集资金实际收到的款项，减去直接支付给金融企业的佣金、手续费、宣传费、咨询费、印刷费等发行费用后的净额。

该项目增加的现金流可以增加企业的信用能力，并有利于企业长期发展。

（2）借款收到的现金。

本项目反映企业举借各种短期、长期借款所收到的现金。财务分析人员应当分析借款的用途及偿还能力。

（3）收到的其他与筹资活动有关的现金。

本项目反映企业除上述各项目外，收到的其他与筹资活动有关的现金流入，如接受现金捐赠等。其他与筹资活动有关的现金，如果价值较大，应单列项目反映。

（4）偿还债务支付的现金。

本项目反映企业以现金偿还债务的本金，包括偿还金融企业借款本金、偿还企业到期的债券本金等。企业偿还的借款利息、债券利息，在“分配股利、利润或偿付利息支付的现金”项目反映，不包括在本项目内。

财务分析人员可以将本项目与“借款收到的现金”结合起来，观察企业债务使用的方法，例如是否存在借新债还旧债，并由此使用短期资金用于长期投资的行为。同时，结合企业经营活动现金流量，可以观察企业日常经营所需流动资金是自己创造的，还是一直靠借款维持，如果是后者，则表明企业可能陷入财务危机之中。

（5）分配股利、利润或偿付利息支付的现金。

本项目反映企业实际支付的现金股利、支付给其他投资单位的利润或用现金支付的借款利息、债券利息等。

（6）支付的其他与筹资活动有关的现金。

本项目反映企业除了上述各项目外，支付的其他与筹资活动有关的现金流出，如以发行股票、债券等方式筹集资金而由企业直接支付的审计、咨询等费用，融资租赁所支付的租金、以分期付款方式购建固定资产以后各期支付的现金等。其他与筹资活动有关的现金，如果价值较大，应单列项目反映。

总体来说，对于一个健康的、正在成长的公司来说，经营活动现金流量净额一般应大于零，投资活动现金流量净额应小于零，筹资活动的现金流量应正负相间。

【例 2-11】首创公司 2017 年和 2018 年比较筹资活动现金流量的项目分析如表 2-11 所示。

表 2-11　比较筹资活动现金流量的项目分析

单位：元

项　目	2017 年	2018 年	增　长　额	增 长 率
吸收投资收到的现金	1 552 534 469.00	3 220 013 928.49	1 667 479 459.49	107.40%
其中：子公司吸收少数股东投资收到的现金	552 534 469.00	820 013 928.49	267 479 459.49	48.41%

（续表）

项　　目	2017 年	2018 年	增　长　额	增 长 率
取得借款收到的现金	8 438 625 707.08	12 479 433 139.95	4 040 807 432.87	47.88%
发行债券收到的现金	3 000 000 000.00	1 500 000 000.00	−1 500 000 000.00	−50.00%
收到其他与筹资活动有关的现金	67 609 096.40	97 985 409.30	30 376 312.90	44.93%
筹资活动现金流入小计	13 058 769 272.48	17 297 432 477.74	4 238 663 205.26	32.46%
偿还债务支付的现金	11 646 152 698.15	9 951 550 524.89	−1 694 602 173.26	−14.55%
分配股利、利润或偿付利息支出的现金	1 578 717 909.88	1 497 957 857.19	−80 760 052.69	−5.12%
其中：子公司支付给少数股东的股利、利润	282 944 785.38	92 681 571.82	−190 263 213.56	−67.24%
支付其他与筹资活动有关的现金	73 287 905.61	59 598 084.87	−13 689 820.74	−18.68%
筹资活动现金流出小计	13 298 158 513.64	11 509 106 466.95	−1 789 052 046.69	−13.45%
筹资活动产生的现金流量净额	−239 389 241.16	5 788 326 010.79	6 027 715 251.95	−2517.96%

首创公司 2018 年筹资活动产生的现金流量净额高达 5 788 326 010.79 元，对比 2017 年出现了较大的增长。主要原因在于公司扩大了融资规模，借款取得的现金流入有了大幅的增加，吸收投资收到的现金也出现一定的增长。

2.4　所有者权益变动表项目分析

cfo 要求你知道

所有者权益变动表的核心内容包括 5 个方面：净利润、直接计入所有者权益的利得和损失、所有者投入与减少资本、利润分配、所有者内部结转。弄懂这 5 个内容的变动因素，有助于读懂所有者权益变动表。

关键术语

投入资本（Contributed capital）
留存收益（Retained earnings）
利润分配（Allocation of profits）

2.4.1 所有者权益变动表横向项目分析

所有者权益变动表横向项目主要是指投入资本和留存收益项目。其中，投入资本包括实收资本和资本公积，留存收益包括盈余公积和未分配利润。

1. 投入资本项目分析

投入资本包括实收资本和资本公积两部分，而库存股则是投入资本的调整项目。对于投入资本的分析，应从以下三方面入手：首先分析投入资本的增加，多少是资本公积或盈余公积转入，多少是增发新股收入；其次分析投入资本占所有者权益的比重，分析其结构的合理性；最后从投入资本几年的趋势变动，分析其所有者权益资本的增长速度和变化趋势。

（1）实收资本项目分析。

实收资本是指投资者按照企业章程、合同或协议的约定，投资到企业中的各种资产的价值，是企业实际收到的投资者投入的资本。在股份有限公司中，实收资本表现为股本，它包括优先股股本和普通股股本。优先股股本，亦称永久性资本，无须到期还本，但一般按规定有固定的利率，必须支付一定的股息，因而成为公司的一项固定负债，但如果公司没有盈利也可暂不支付；普通股股本，同样为永久性成本，可以长期占用，无须到期还本亦无固定利率，只有当企业盈利时才能分配利润或发放股息，没有盈利或盈利较少时可以不分配利润，但也可能分配的利润或股利会很高。

除非企业出现增资、减资等情况，实收资本在企业正常经营期间一般不发生变动。其增加包括资本公积转入、盈余公积转入、利润分配转入和发行新股等多种渠道，前三种都会稀释股票的价格，而发行新股既能增加注册资本和所有者权益，也可增加公司的现金资产，这是对公司发展最有利的增股方式。

对实收资本的分析还应关注法律对企业设立所规定的注册资本的最低限额。企业应将实收资本与注册资本的最低限额相比较，看是否符合法律的要求。比如，《中华人民共和国公司法》规定，股份有限公司注册资本的最低限额为 1 000 万元，上市公司资产总额（注册资本）不得少于 5 000 万元。我国设立企业采用注册资本制，投资者出资达到法定注册资本的要求是企业设立的先决条件。而且根据注册资本制的要求，企业会计核算中的实收资本即法定资本，应当与注册资本相一致，企业不得擅自改变注册资本数额或抽逃资金。一般情况下，投资者的投入资本，即构成企业的实收资本，也正好等于其在登记机关的注册资本。若实收资本远远低于注册资本，需要进一步阅读会计报表附注及公司合同的有关说明，是否为注册资本不到位，或者抽逃注册资本，应予以高度重视。此外，企业还应当将资本与负债相比较，观察企业财务结构的稳定性和风险性。观察实收资本的内部构成，分析企业的产权结构。

实收资本的变动将会影响企业投资者对企业的所有权和控制权，而且对企业的偿债能力、获利能力都会产生重大影响。

（2）资本公积项目分析。

资本公积是指企业收到投资者出资额超出其在注册资本或股本中所占份额的部分，是企业在非经营业务中产生的资本增值。企业直接计入所有者权益的利得和损失，也包括在资本公积中。

对资本公积的分析主要是关注资本公积金额增减变化的合理性和合法性，企业是否存在虚增资本公积、虚增资产项目，借此来降低企业的资产负债率、蒙骗债权人的情况。

分析资本公积时应注意以下几个问题。

① 资本公积的性质。资本公积尽管属于投入资本范畴，但它与实收资本又有所不同。实收资本一般是投资者投入的、为谋求价值增值的原始投资，而且属于法定资本，与企业的注册资本相一致。因此，实收资本无论是在来源上，还是在金额上，都有比较严格的限制。而资本公积在金额上则并没有严格的限制，而且在来源上也相对多样，它可以来源于投资者的额外投入，也可以来源于除投资者之外的其他企业或个人的投入，如接受捐赠的资产等。所以，资本公积不是明确地属于某一投资人的，而是属于所有投资人的。

② 资本公积项目与实收资本项目或所有者权益总额配比。由于资本公积是所有者权益的有机组成部分，而且它通常会直接导致企业净资产的增加，因此，资本公积的信息对于投资者、债权人等会计信息使用者的决策十分重要。若前者数额过大，应进一步了解资本公积的构成。资本公积包括资本（或股本）溢价、接受现金捐赠、拨款转入、外币资本折算差额和其他资本公积，以及接受捐赠非现金资产准备和股权投资准备等。实际工作中，有的企业为了小集团的利益，在不具备法定资产评估条件的情况下，通过虚假评估来虚增净资产，以达到粉饰资产负债率和企业信用形象的目的。

③ 资本公积的用途。根据《中华人民共和国公司法》等法律的规定，资本公积的用途主要是转增资本（或股本）。前已述及，资本公积从本质上讲属于投入资本的范畴，由于我国采用注册资本制度，导致了资本公积的产生，所以，将资本公积转增资本可以更好地反映投资者的权益。资本公积转增资本虽然没有改变企业的所有者权益（净资产）总额，但是可以改变企业投入资本的结构，体现企业稳健、持续发展的潜力，因为企业实收资本一般不会用于投资者的分配或者弥补亏损，即使在企业破产的情况下，它也将被优先分配给债权人。对于股份有限公司而言，资本公积会增加投资者持有的股份，从而增加公司股票的流通量，进而可以激活股价，提高股票的交易量和资本的流动性。

④ 资本公积转增资本的来源。为了避免虚增净资产、误导决策，就有必要分析资本公积转增资本的来源，考察其合理性。资本公积形成的来源按其用途主要分为两类：一类是可以直接用于转增资本的资本公积，包括资本（或股本）溢价、接受现金捐赠、拨款转入、外币资本折算差额和其他资本公积等；另一类是不可直接用于转增资本的资本公积，包括接受捐赠非现金资产准备和股权投资准备等。

（3）库存股项目分析。

库存股亦称库藏股，是指由公司回购而没有注销，并由该公司持有的已发行股份。库存股在回购后并不注销，而是由公司自己持有，在适当的时机再向市场出售或用于对员工的激励。简单地说，就是公司将已经发行出去的股票从市场中买回，存放于公司，而没有再出售或者注销。它的特性和未发行的股票类似，既不分配股利，又不附投票权，一般只限于优先股，并且必须存入公司的金库。

2. 留存收益项目分析

留存收益是指企业从历年实现的利润中提取或形成的留存于企业的内部积累，由盈余公积和未分配利润两部分构成。留存收益来源于企业在生产经营活动中所实现的净利润，它与实收资本和资本公积的区别在于，实收资本和资本公积来源于企业外部的资本投入，而留存收益则来源于企业内部的资本增值。留存收益的目的是保证企业实现的净利润有一部分留存在企业，不全部分配给投资者，这样，一方面可以满足企业维持或扩大再生产经营活动的资金需要，保持或提高企业的获利能力；另一方面可以保证企业有足够的资金弥补以后年度可能出现的亏损，也保证企业有足够的资金用于偿还债务，保护债权人的权益。因此，对于留存收益的提取和使用，除了企业的自主行为外，往往也有法律上的诸多规定和限制。例如，我国法律规定企业必须根据净利润提取法定盈余公积和任意盈余公积。

留存收益是企业税后利润分配的结果。因此，留存收益的增减变化及变动金额的多少，取决于企业的盈利状况和企业的利润分配政策。一般来说，企业当年盈利，会增加留存收益；反之，如果企业当年亏损，则会减少留存收益。此外，留存收益的增减数额还取决于企业的利润分配政策。如果企业留多分少，保留较高的留存盈利，则留存收益增加数额较多；反之，如果是留少分多，留存盈利比较低，则留存收益增加的数额就少。留存收益的增加，将有利于资本的保值，增加企业的实力，降低筹资的风险，缓解财务压力。但由于留存收益的资金成本较高，它们的增加将会使企业的平均资金成本增加。对于留存收益分析的主要内容是：了解留存收益的变动总额、变动原因和变动趋势，对留存收益的组成项目进行具体分析，评价其变动的合理性。

（1）盈余公积项目分析。

盈余公积是指企业按规定从税后净利润中提取的积累资金。它主要用于满足企业维持或扩大再生产经营活动的资金需要。因此，一般而言，盈余公积应越多越好。盈余公积的数量越多，反映企业资金积累能力、弥补亏损能力和股利分配能力以及应付风险的能力越强。

盈余公积如果不用于弥补亏损，则可以永久性使用，无须到期还本。相对于长期负债而言，盈余公积既无期限又无须支付利息，所以在企业有盈利的情况下应多提盈余公积，这样既能提高企业的偿债能力，又能提高其获利能力。企业所有者权益的增减变动，对企业的财务状况有着重大影响。企业投资者增加投入资本，使营运资本增加；企业提取盈余公积以及资本公积和盈余公积转增资金等虽然不影响营运资本，但对企业当期和未来的财务状况有重大影响。因此，在进行报表分析时，应对所有者权益的金额、增减变动及其对企业财务状况的影响引起足够的重视。

盈余公积分析时应注意以下两个方面。

① 盈余公积的计提方法是否合乎规定，计提数额是否准确。盈余公积的计提方法是否合乎规定，应当注意盈余公积包括法定盈余公积和任意盈余公积等。法定盈余公积应当依据有关法律法规规定的比例提取。例如，根据《中华人民共和国公司法》的规定，有限责任公司和股份有限公司应按照净利润的 10% 提取法定盈余公积。任意盈余公积应当由股东大会或类似机构批准，按照规定的比例提取。任意盈余公积与法定盈余公积的区别在于，前者的提取比例由企业自行决定，而后者的提取比例则由国家有关法规决定。提取盈余公积并不是单独将这部分资金从企业资金周转过程中抽出，而是表明企业生产经营资金的一个来源，其形成的资金既可以表现为货币资

金也可以表现为实物资产。盈余公积的增减变动情况可以直接反映出企业利润积累的情况。

② 盈余公积的使用是否合法、合理。分析盈余公积的使用情况，应当注意盈余公积可以用于弥补亏损、转增资本，符合条件的企业也可用盈余公积派发现金股利或利润。在分析时，将盈余公积的期末数与期初数进行比较。若盈余公积的期末数额大大少于期初数额，则需进一步分析企业盈余公积用途的合理性。通常，当企业发生的亏损在所得税后利润仍不足以弥补时，可以用盈余公积来加以弥补。但是，用盈余公积弥补亏损应当由董事会提议、股东大会批准，或者由类似的机构批准；当企业提取的盈余公积累积比较多时，可以将盈余公积转增资本（股本），但是必须经股东大会或类似机构批准。而且用盈余公积转增资本（股本）后，留存的盈余公积不得少于注册资本的25%；在特殊情况下，当企业累积的盈余公积比较多，而未分配利润比较少时，为了维护企业形象，给投资者以合理的回报，对于符合规定条件的企业，也可以用盈余公积分派现金利润或股利。因为盈余公积从本质上讲，是由收益形成的，属于资本增值部分。

（2）未分配利润项目分析。

未分配利润是企业实现的净利润经过弥补亏损、提取盈余公积和向投资者分配利润后留存在企业的、历年结存的利润。未分配利润通常用于留待以后年度向投资者进行利润的分配。由于未分配利润相对于盈余公积而言，属于未确定用途的留存收益，实际上体现的是资金积累与消费的比例关系。所以，企业在使用未分配利润上有较多的自主权，受国家法律法规的限制比较少。

分析未分配利润应注意：未分配利润是个变数，它既可能是正数（未分配的利润），也可能是负数（为弥补的亏损），分析时应将该项目连续几期的数据进行比较，以观察其变动的曲线发展趋势。

2.4.2 所有者权益变动表纵向项目分析

所有者权益变动表纵向项目分析，主要是将组成所有者权益的主要项目进行具体剖析对比，分析其变动成因、合理合法性、有无人为操控的迹象等事项的过程。

所有者权益变动表各个纵向项目之间的关系如下：

本年年末余额＝本年年初余额＋本年增减变动金额。

其中，本年年初余额＝上年期末余额＋会计政策变更＋前期差错更正；本年增减变动金额＝净利润＋直接计入所有者权益的利得和损失＋所有者投入和减少资本＋利润分配＋所有者权益内部结转。

对所有者权益变动表进行阅读和分析，最重要的内容就是分析本年增减变动金额。下面主要就直接计入所有者权益的利得和损失、所有者投入和减少资本、利润分配、所有者权益内部结转四个项目进行分析说明。

1. 直接计入所有者权益的利得与损失

利得是指由企业非日常活动所形成的，会导致所有者权益增加的，与所有者投入资本无关的经济利益的流入。损失是指由企业日常活动所发生的，会导致所有者权益减少的，与向所有者分配利润无关的经济利益的流出。

直接计入所有者权益的利得和损失，是指不应计入当期损益、会导致所有者权益发生增减变动的、与所有者投入资本或者向所有者分配利润无关的利得或者损失。一般而言，已实现确认的利得与损失在发生当年计入利润表，未实现的利得与损失直接计入所有者权益。未实现的利得与损失会导致企业的资产价值的增减，从而资本公积也会随之增减。

直接计入所有者权益的利得和损失包括：

（1）其他债权投资和其他权益工具投资的公允价值变动。

（2）权益法下被投资单位其他所有者权益的变动。

（3）与计入所有者权益项目相关的所得税。

（4）固定资产等转为投资性房地产时公允价值的变动。

（5）以权益结算的股份支付而形成的费用。

（6）利用衍生工具进行套期时。

2. 所有者投入和减少资本

所有者投入和减少资本，包括以下内容：

（1）所有者投入资本。投入资本按照所有者的性质不同，可以分为国家投入资本、法人投入资本、个人投入资本和外方投入资本。国家投入资本是指有权代表国家投资的政府部门或者机构以国有资产投入企业所形成的资本；法人投入资本是指我国具有法人资格的单位以其依法可以支配的资产投入企业所形成的资本；个人投入资本是指我国公民以其合法财产投入企业所形成的资本；外方投入资本是指外国投资者以及我国香港、澳门和台湾地区的投资者将资产投入企业所形成的资本。投入资本按照投入资产的形式不同，可以分为货币投资、实物投资和无形资产投资。

（2）股份支付计入所有者权益的金额。股份支付，是指企业为获取职工和其他方提供服务而授予权益工具或者承担以权益工具为基础确定的负债的交易。股份支付分为以权益结算的股份支付和以现金结算的股份支付。

① 以权益结算的股份交付，是指企业为获取服务以股份或其他权益工具作为对价进行结算的交易。

② 以现金结算的股份支付，是指企业为获取服务承担以股份或其他权益工具为基础计算确定的交付现金或其他资产义务的交易。

（3）其他。

3. 利润分配

利润分配，是将企业实现的净利润，按照国家财务制度规定的分配形式和分配顺序，在国家、企业和投资者之间进行的分配。利润分配的过程与结果，是关系到所有者的合法权益能否得到保护，企业能否长期、稳定发展的重要问题，为此，企业必须加强利润分配的管理和核算。企业利润分配的主体一般有国家、投资者、企业和企业内部职工，利润分配的对象主要是企业实现的净利润；利润分配的时间即确认利润分配的时间，是利润分配义务发生的时间和企业做出决定向内、向外分配利润的时间。

利润分配的顺序根据《中华人民共和国公司法》等有关法律法规的规定，企业当年实现的净利润一般应按照下列内容、顺序和金额进行分配：

首先，提取法定盈余公积金。法定盈余公积金按照税后净利润的 10% 提取。法定盈余公积金已达注册资本的50%时可不再提取。提取的法定盈余公积金用于弥补以前年度亏损或转增资本金，但转增资本金后留存的法定盈余公积金不得低于注册资本的25%。

其次，提取任意盈余公积。根据《中华人民共和国公司法》规定，任意盈余公积按税后利润的5%～10%提取。提取的盈余公积用于企业职工的集体福利设施。

最后，向投资人分配利润。企业以前年度未分配的利润可以并入本年度分配。

财务分析人员分析时，应注意分析企业的利润分配政策。

4. 所有者权益内部结转

所有者权益内部结转，反映企业构成所有者权益的组成部分之间的增减变动情况，具体包括：

（1）资本公积转增资本（或股本）；

（2）盈余公积转增资本（或股本）；

（3）盈余公积弥补亏损；

（4）其他。

所有者权益内部结转不会改变所有者权益总额，但会改变所有者权益内部结构。

通过对所有者权益变动表纵向项目进行分析，可以了解企业会计期间所有者权益是如何增减变动的。

3 结构分析

CFO 导语

财务报表结构分析将报表的绝对数简单换算为相对数，重点关注结构的合理性和内涵，从而更为科学地反映经营状况和盈利水平。

本项目架构

- 资产负债表结构分析
- 利润表结构分析
- 现金流量表结构分析
- 所有者权益变动表结构分析

3.1 资产负债表结构分析

cfo 要求你知道

如果一个企业希望长期健康地发展，必须尽量优化资产结构、负债结构，并保持资产结构与资本结构的匹配。

关键术语

资产结构（Assets structure ）
资本结构（Capital structure）
负债结构（Liabilities structure）

3.1.1 资产负债表总体结构分析

对资产负债表进行总体结构分析，最常用的方式就是建立共同比资产负债表，即需要计算表中的各个项目与总体之间的百分比，构建百分比报表。在资产负债表构成的百分比计算中，一般选择总资产作为总体指标。通过编制连续若干期间的比较共同比资产负债表，不仅可以透视报表整体的结构，还可以对企业财务状况进行趋势分析。

【例 3-1】以首创公司资产负债表中的数据为例计算各项比率如表 3-1 所示。

表 3-1　首创公司各项比率计算分析

项　　目	2016 年	2017 年	2018 年
货币资金占总资产比率	10.85%	8.09%	8.03%
应收款项占总资产比率	13.01%	18.35%	7.15%
存货占总资产比率	10.82%	3.01%	1.28%

（续表）

项　目	2016 年	2017 年	2018 年
流动资产占总资产比率	38.96%	33.60%	18.30%
固定资产占总资产比率	12.87%	12.12%	9.60%
非流动资产占总资产的比率	61.04%	66.40%	81.70%
流动负债占负债及所有者权益合计比率	31.81%	27.17%	36.02%
非流动负债占负债及所有者权益合计比率	35.53%	38.48%	30.38%

结合表 3-1，可以初步得出以下结论。

① 货币资金、应收账款从连续 3 年的数据来看，稳中略有波动。所占总资产的比例基本符合首创公司的行业特性和业务特点。但值得注意的是，流动资产的比例在 2018 年出现了较大幅度的下降，这一改变可能会影响首创公司的资产变现质量。

② 存货项目的比重出现了明显的下降趋势，结合收入和利润的数据，显示这一趋势意味着企业存货周转情况较好，而非业务的萎缩导致。

③ 非流动资产的比例有了大幅上升，但固定资产的比率却出现了下滑，这说明在长期性经营资产的结构上，企业有所调整。对具体项目结构比率的变化分析，有助于识别公司业务甚至战略的变化。

④ 流动负债和非流动负债的比率年度变化不大，数值也处在正常的范围内，意味着企业的资产负债结构较为稳定，债务依存度较合理。

通过比较共同比资产负债表，可以综合观察企业在连续若干年内的财务状况变动情况和趋势，获得比较有价值的信息。但是这种信息仍然是比较粗糙的，为了深入分析企业的财务状况，还需要进一步探究企业资产负债表内部的结构状况，以便分析企业资金配置是否均衡、健康，从而保证企业未来长期的发展能力。

3.1.2 资产负债表内部结构的具体分析

1. 资产结构

资产代表企业拥有或控制的经济资源，资源要能最大限度地发挥其功能，就必须有一个合理的配置。企业如果希望持续稳定地盈利，其资金必须均衡配置在不同的资产项目下。企业获利性较强的资产是长期资产，但是流动资产又是不可或缺的，两者相互配合才能产生较强的生产经营能力。

企业资产结构相互之间有较大差异，这主要源于以下原因。

（1）企业内部管理水平。

一般而言，企业内部管理水平高，则可以用较少的流动资产支撑较多的长期资产，提高资产周转率；相反，营运能力较低的企业会将企业有限的资源投放在流动资产上，从而造成较多的应收账款和存货等项目。

（2）企业规模。

一般而言，规模较大的企业具有更强的融资能力，如果其流动资金不足，它可以快速从银行等金融机构取得资金，从而在日常经营中就不必留有大量的流动资产，可以将更多的资金投放在固定资产等长期资产上，扩大自身的经营规模，取得更高水平的收益。反之，小规模企业因为融资困难，为了应对可能发生的财务风险，必须持有较多的流动资产以降低相应的风险水平。

（3）企业的资本结构。

企业取得资金的方式有多种，从资金取得期限上可以分为长期资金和短期资金，后者主要是企业 1 年内到期的流动负债。如果企业资金较多地来自流动负债，那么为了降低财务风险，就不得不保持较大规模的流动资产，以便及时清偿债务；如果企业资金更多地来自长期负债和股权融资，就可以将更多的资金投放到长期资产上，但是如果长期负债在到期的最后一年会成为流动负债，此时企业为了偿债，会持有较多的流动资产。

（4）行业因素。

行业因素对企业资产结构有较大的影响，不同行业的企业资产结构之间会有较大的不同。对于制造业企业，其核心生产能力来源于产品的生产和销售，所以固定资产不可避免地占有较大的比重；对于金融企业，其主业是提供金融服务，其资产必然较多地表现为货币资金等流动资产，长期资产相对较少。进而，在同一行业内部，不同的企业也可能表现出不同的资产结构，例如制造业企业，如果其技术水平较高，所需人工较少，那么相对而言其固定资产比重将会增加，反之劳动密集型的制造企业，流动资产所占比重就会较多。

（5）经济周期。

企业自身具有产品周期，宏观经济环境也表现出周期特征，这两种周期一般都具有 4 个阶段：成长阶段、繁荣阶段、衰退阶段和复苏阶段，企业资产结构会随着不同阶段的变化而发生变动。如在成长阶段，企业自身产品和服务都不完善，为了扩大生产和占领市场，企业会购置大量的机器设备，赊销政策也相对宽松，应收账款较大；在衰退阶段，企业会收缩生产规模，减少固定资产，降低存货规模，增加货币资金，应对即将到来的经济萧条，以求自保。因此，经济周期和企业产品周期都会影响企业资产结构状况。

关注资产的内部结构，应重点分析流动资产占总资产的比重。按照资产的流动性，可以分为流动资产和长期资产（非流动资产）。它们之间的关系是资产结构中最重要的关系。在企业中，流动资产与长期资产之间的比重除了取决于上述资产结构影响因素之外，还与管理层的风险态度有很大联系，与之相应存在 3 种资产结构：保守型资产结构、适中型资产结构和激进型资产结构。保守型资产结构是指企业为了回避财务风险和经营风险，持有数量较大的流动资产，其中货币资金和交易性金融资产的比重比其他企业大；适中型资产结构是指企业将流动资产和长期资产保持在适中的水平上；激进型资产结构持有的流动资产进一步减少，长期资产比重增加，这样在增加企业风险的同时也增加了企业的盈利能力。

除此之外，分析者还应当分析货币资金、应收款项和存货占流动资产的比重，以及长期类投资资产、固定资产、无形资产占非流动资产的比重等。下面仅以货币资金占流动资产的比重、应收款项占流动资产的比重、固定资产占总资产的比重、无形资产占非流动资产的比重为例。

（1）货币资金占流动资产的比重。

货币资金包括现金、银行存款、其他货币资金。

【例 3-2】根据附表一资产负债表中的数据，首创公司 2013—2018 年货币资金占流动资产的比重如表 3-2 所示。

表 3-2　首创公司 2013—2018 年货币资金占流动资产的比重

项　目	2013 年	2014 年	2015 年	2016 年	2017 年	2018 年
货币资金占流动资产的比重	24.44%	33.63%	28.55%	27.85%	24.08%	43.87%

货币资金占流动资产的比重趋势如图 3-1 所示。

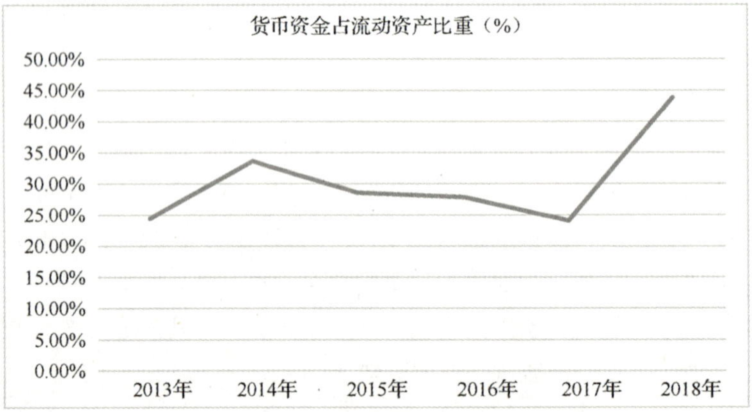

图 3-1　货币资金占流动资产的比重趋势

从表 3-2 中可以看出，首创公司 2013—2017 年这 5 年当中货币资金占流动资产的比重相对比较稳定，2018 年出现明显的上升。货币资金占流动资产的比重上升，说明该公司的变现能力、偿债能力加强。

（2）应收款项占流动资产的比重。

应收款项包括应收票据、应收账款、预付账款、其他应收款等。其数据均以净额填列。

【例 3-3】根据附表一资产负债表中的数据，首创公司 2013—2018 年应收款项占流动资产的比重如表 3-3 所示。

表 3-3　首创公司 2013—2018 年应收款项占流动资产的比重

项　目	2013 年	2014 年	2015 年	2016 年	2017 年	2018 年
应收款项占流动资产的比重	33.52%	40.05%	37.67%	33.40%	54.67%	39.06%

应收款项占流动资产的比重趋势如图 3-2 所示。

应收款项是企业增强竞争力、获取利润的一种营销手段，同时也是企业的一项资金投放，它会发生风险。应收款项占流动资产的比重，一般应该控制在三分之一以内，若超过三分之一则风险较大。首创公司 2018 年的应收款项占流动资产的比率高达 39.06%，需要予以重视。

（3）固定资产占总资产的比重。

固定资产数据以固定资产账面价值填列，固定资产账面价值是其账面原值减去累计折旧，再减去固定资产减值准备后的余额。

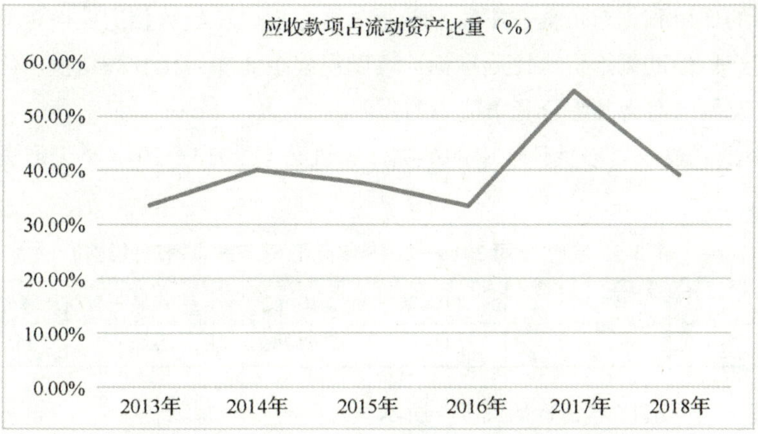

图 3-2 应收款项占流动资产的比重趋势

【例 3-4】根据附表一资产负债表中的数据，首创公司 2013—2018 年固定资产占总资产的比重如表 3-4 所示。

表 3-4 首创公司 2013—2018 年固定资产占总资产的比重

项　目	2013 年	2014 年	2015 年	2016 年	2017 年	2018 年
固定资产占总资产的比重	17.39%	19.03%	11.62%	12.87%	12.12%	9.60%

固定资产占总资产的比重趋势如图 3-3 所示。

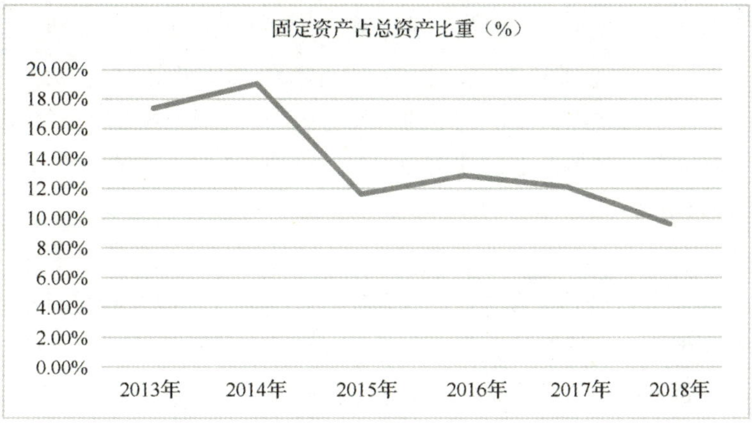

图 3-3 固定资产占总资产的比重趋势

上市公司固定资产比例不要太高的主要原因是固定资产占用资金，资金流动性较弱。固定资产比例高，折旧额也高，成本会提高，而且固定资产所占比例过高，资产周转率会降低，影响企业的盈利能力。首创公司固定资产占总资产的比重比较适中。

（4）无形资产占非流动资产的比重。

无形资产项目反映企业持有的无形资产，包括专利权、非专利技术、商标权、著作权、土地使用权等，均以净额填列。总体看来，这个比重是越高越好。随着科技进步和经济发展，尤其是知识经济时代的到来，硬资源在企业生存和发展中的作用和相对价值在不断下降，而包括无形资产在内的软资源的作用和相对价值在不断上升。与这个规律和趋势相适应，企业必须善于培育和合理配置无形资产。借助无形资产比重指标，可以观察企业知识化和高新技术化的程度，也可以分析企业可持续发展的潜力及综合竞争能力的强弱。

【例 3-5】根据附表一资产负债表中的数据，首创公司 2013—2018 年无形资产占总资产的比重如表 3-5 所示。

表 3-5 首创公司 2013—2018 年无形资产占总资产的比重

项 目	2013 年	2014 年	2015 年	2016 年	2017 年	2018 年
无形资产占总资产的比重	23.51%	24.81%	27.19%	28.38%	32.56%	33.85%

无形资产占总资产的比重趋势如图 3-4 所示。

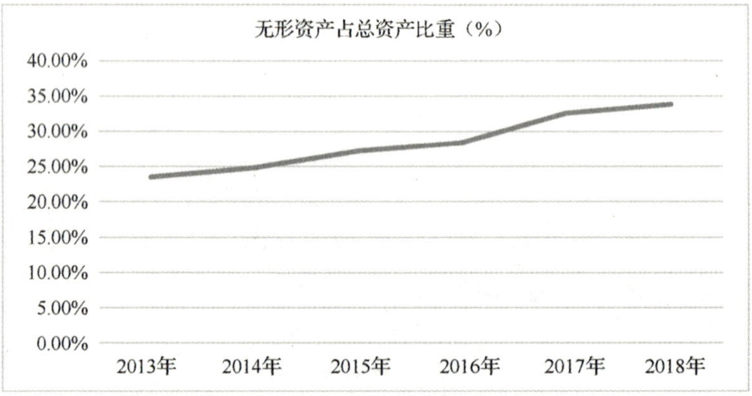

图 3-4 无形资产占总资产的比重趋势

首创公司的无形资产在 5 年内呈现稳定的增长态势，这说明企业在不断加大无形资产的投入。一般来说，无形资产增值，说明企业的软实力增强，行业竞争力在增强。但仍需要结合无形资产的来源和类型进行具体分析。

2. 资本结构

所谓资本结构，是股份公司资金来源的权益结构，即负债和股东权益两者各占的比重及比例关系。通过对资产负债表右列内容的分析，能实现对资本结构的分析。资本结构分析具体包括以下三个方面的内容：资本结构的类别分析、资本结构的项目分析和资本结构的百分数分析。

（1）资本结构的类别分析。

资产负债表的负债及股东权益一方，通常分为三大类：流动负债、非流动负债和股东权益。资本结构的类别分析就是对这三类融资比重及对所揭示的公司承担的风险所做的分析。

（2）资本结构的项目分析。

资本结构的项目分析，是对负债和所有者权益中所包含的各个项目进行分析，以便了解资本结构是否完整、安全。这实际上是把资本结构类别分析向更深层次推进了一步，资本结构的百分数分析通常采取资本结构百分数表的形式，它是通过资产负债表中的负债及股东权益各项目占全部负债及股东权益百分比的变动情况，来反映有关流动负债、长期负债和股本、公积金在总筹资中的比重发生变动的具体原因。

（3）资本结构的百分数分析。

资本结构百分数表把复杂的数字化为简明的百分数，从而直接揭示了负债、股东权益，以及具体项目与负债及股东权益总额之间的百分比变动情况。但应注意，利用百分比进行分析时，要参考各项目的绝对数字，如果仅凭百分数的增减变动妄加推断，有时会出现失误。

3. 负债结构

对负债的结构分析，主要是通过计算各类负债占总负债的比重进行的。在具体分析时，分析人员应当重点分析以下三方面。

① 分析负债的长期化程度。即分析流动负债与非流动负债的比例关系是否合理。负债的长期化程度越小，说明企业短期还债的压力和财务风险就越大。如果企业的现金储备不足，较高的短期负债率便是威胁企业生存的重大因素。亚洲金融危机的教训就说明了这一点，而这个教训对企业也是适用的。因此，一个资本结构优化的企业，不仅应当保持适度的负债规模和负债经营水平，还应当通过不断地降低短期负债的比重使企业的负债结构长期化和合理化。

② 分析负债的集中程度。分析负债的集中程度，主要就是看企业向银行的借款占总负债的比重。在其他条件一定的情况下，负债越分散或负债的集中程度越小，负债经营的风险就越小。因此，企业对外举债的渠道不能是单一的，多元化应是举债的一个策略。从现实看，我国企业负债的主要内容是银行借款，这与我国资本市场特别是直接资本市场不发达有关，一是上市公司数量有限，二是更多的企业对外融资的渠道还是单一的银行借款。

③ 负债分类的合理性。在报表上，负债通常按偿还期限分为流动负债和长期负债两大类，是以一年或一个营业周期为标准的。实际工作中，企业总是或多或少地存在超过一年还没偿还的应付款项，这些长期化了的应付款项实际上已不是流动负债而是长期负债。但在编制报表时，会计人员通常并不严格地进行区分，使这些长期化了的应付款项被不合理地列入流动负债之中，账面流动负债与实际流动负债发生了背离。

3.2 利润表结构分析

利润表结构分析通常以营业收入总额作为共同基数，通过表中各项目与其百分比数据，分析企业有关收入、费用和利润的情况。

cfo 要求你知道

利润表的结构一般与资产负债表相呼应，如果两者出现严重反差，其经营资产的盈利能力可能存在极大的不确定性或盈利困难。

关键术语

收入（Receipt）
利得（Gain）
其他业务收入（Other revenues）
销售成本（Cost of sales）

3.2.1 利润表总体构成分析

1. 利润的结构质量分析

根据利润表的 4 项重要指标的不同组合，我们将它们归并为两类 12 种，具体如表 3-6 所示。

表 3-6 利润结构类型示意

项目 分类	A						B					
主营业务利润	盈利						亏损					
营业利润	盈利			亏损			盈利			亏损		
利润总额	盈利		亏损	盈利		亏损	盈利		亏损	盈利		亏损
净利润	盈利	亏损	亏损	盈利	亏损	亏损	盈利	亏损	亏损	盈利	亏损	亏损
类别编号	A1	A2	A3	A4	A5	A6	B1	B2	B3	B4	B5	B6

A1、A2、A3 为正常企业的经营状况。其中，A1 的利润质量最高。主营业务实现的盈利不仅可以弥补各项期间费用，还可向国家上缴所得税，并最终形成可供企业发展或向股东分红的净利润，保证了企业具有可持续发展的能力，是企业利润结构的理想状态。A2 生产亏损的原因在于应税所得与会计收益出现了巨大的差额，当“应税所得 >（会计收益 ÷ 所得税税率）”时，便会出现这种状况。究其原因有两种：时间性差异和永久性差异。时间性差异可随着时间的推移逐步消失，它对净利润的影响只是暂时的，如果 A2 产生亏损是因为时间性差异造成的，那么尽管出现亏损，也可视同为 A1 来理解。若是由于永久性差异造成的，如自制的产品用于自营工程项目、支付各种赞助费、发生和计提过多的业务招待费、坏账准备等，则应对具体原因进行具体分析。一般来说，A2 的亏损状况是暂时现象，但要注意限制各种赞助费和业务招待费的开支。A3 的出现，表明企业发生了投资损失或出现过多的营业外支出，如处置固定资产和无形资产发生的净损失。若因为投资损失，则应分析撤回投资的可行性，确保企业的主营业务的发展。

A4、A5、A6 表明企业毛利率偏低、投资收益少，不足以弥补各项期间费用。其中 A6 是因毛利率低而产生亏损的代表。A4 出现的盈利主要是由于投资收益和营业外收入形成的，投资收益的出现，说明企业过去的投资决策是正确的，以后还可继续在一段时期内享受这种正确决策带来的红利；营业外收入为 A4 盈利现象做出了巨大的贡献，但这种盈利只是暂时的，进行财务分析时，可视同 A6 考虑。A5 的出现，说明本期存在着应税所得大于会计收益现象，无论是何种差异造成的，均可视同为A6看待。

B1、B2、B3的共同点在于主营业务利润为负，而营业利润为正。这种现象的出现，表明企业其他业务突出、企业拥有巨大的存量现金，或者拥有较多的对外投资，能够产生足够的其他业务收益、利息收入或投资收益来弥补主营业务的不足。作为管理者要考虑产业结构的调整，或寻求好的项目，以此来形成企业利润的新增长点。B1、B2拥有一定的营业外收入，而B3则要考虑减少营业外支出的金额。B4、B5、B6表明企业要考虑进行深层次的变革或转产，否则会面临破产的危险。B4出现的盈利，是由于过多的营业外收入的结果，其利润质量不高，而B6则显示企业已陷入危机之中。

【例3-6】根据附表二利润表中的数据，首创公司2018年利润表各项目所占比例如表3-7所示。

表3-7　首创公司2018年利润表各项目所占比例

序　号	项　目	2018年
1	一、营业收入	100.00%
2	营业总成本	94.25%
3	营业成本	68.60%
4	税金及附加	1.36%
5	销售费用	0.65%
6	管理费用	13.82%
7	财务费用	9.82%
8	资产减值损失	−0.17%
9	公允价值变动收益	−0.35%
10	投资收益	2.15%
11	资产处置收益	0.33%
12	其他收益	3.16%
13	二、营业利润	10.87%
14	营业外收入	0.17%
15	营业外支出	0.57%
16	三、利润总额	10.47%
17	所得税费用	2.90%
18	四、净利润	7.57%

由表3-7的结构分析可以发现，首创公司2018年的销售净利润率为7.57%，查看附表二可知首创公司自2013年至2018年销售净利润率保持稳定，公司经营状况良好。该公司2018年的“资产减值损失”项目只占−0.17%，表明公司资产管理质量良好，没有盈余管理的倾向。营业外收入对于营业利润的影响只有0.17%，可以初步判断公司利润具有持久性。“公允价值变动收益”只占−0.35%，不影响公司利润获取现金的能力。以上几项均表明公司的利润质量良好。

2. 利润的内涵质量分析

（1）利润质量低下的表现。

由于企业经营管理、产品市场需求等方面的原因，或者报表的编制者出于各种目的对利润表进行人为修饰等，都会造成利润的质量或利润表的信息质量不高，主要表现在以下几个方面：

① 无形资产、长期待摊费用非正常上升。这种不正常上升，有可能是企业因当前发生费用及损失无能力吸收而暂时放入这些项内，将“实亏”转化为“潜亏”。

② 一次性的收入突升，如果利用资产重组、非货币性资产置换、股权投资转让、非生产性资产与企业建筑性销售所得调节盈余，企业可以用这些手段来调节企业利润。

③ 期间费用中广告费用占销售收入额的比重相对下降，这样可以提高当期利润，但从长期看对企业不利。

④ 对各项准备金不提或少提、改变折旧计提方法或折旧提取不足等，借以提高当期利润。企业计提各项减值准备的幅度取决于企业对资产贬值程度的主观认识。企业过低的各项准备，往往虚增利润，给未来的经营成果带来很大的负面影响。

⑤ 归入税收费用的递延税款增加，没有资金支持的应付工资、应付福利费上升，暗示公司支付工资能力降低，现金流向可能存在问题。

⑥ 毛利率下降，说明企业可能因市场竞争激烈，降低了产品价格；或者是成本失去了控制，有了上升趋势；或者企业产品组合发生了变化，对企业利润产生影响。

⑦ 存货周转率变低，可能是企业销售能力差或产品有问题不适应市场需要，也可能是库存产品材料有问题。

会计政策、会计估计的运用方式发生了变化，可能是企业经营状况发生变化的一个信号，也可能是会计政策变化仅仅为了创造更高的利润。

应收账款增长与过去的经验不相一致，为了实现销售目标，可以运用信贷销售来创造销售和利润，将以后实现的销售提前。商业性应付账款展期或延长正常商业信用期间，企业大量的货款不能及时收回，产生挂账、呆账和坏账的风险，业绩摊在应收账款上，利润的质量不佳。

企业的业绩过分依赖非主营业务。有些企业为了维持一定的利润水平，通过非主营业务实现的利润来弥补主营业务利润和投资收益的不足，如出售投资和固定资产，增加利润。这种方法可以使企业短期内维持表面的繁荣，但会影响企业的长期发展战略。

（2）利润质量的因素分析。

在分析利润质量时，可以将影响利润质量的个别因素单独列示或剔除出来，之后再对企业的利润进行分析。主要包括以下几点因素：

① 不良资产。它是指长期待摊费用等虚拟资产和高龄应收账款、存货跌价和积压损失、投资损失、固定资产损失等可能产生“潜亏”的资产项目。如果不良资产的总额接近或超过净资产，或者不良资产的增加额（增加幅度）超过净利润的增加额（增加幅度），说明企业当期利润有“水分”。

② 关联交易。将来自关联企业的营业收入和利润予以剔除，分析企业的盈利能力在多大程度上依赖于关联企业。如果主要依赖于关联企业，就应特别关注关联交易的定价政策，分析企业是否以不等价交换的方式与关联企业进行交易以调节盈余。然而，有的集团总公司只管生产，而子公司专门从事销售，这是例外情况，分析时要区别对待，不能一概而论。

③ 异常利润。将其他业务利润、投资收益、营业收入从企业利润总额中扣除，以分析评价企业利润来源的主要渠道及其稳定性。分析中特别要注意投资收益、营业外收入等一次性的偶然收入。

3.2.2 收入构成分析

对企业收入分析不仅要研究其总量，而且应分析其结构及其变动情况，以了解企业的经营方向和会计政策选择。收入结构分析可能主要从收入与利得、主营业务收入与其他收入、现销收入与赊销收入的结构进行。

1. 收入与利得的分析

企业在会计期间内增加的除所有者投资以外的经济利益通常称为收益，收益包括收入和利得。收入是指企业在日常活动中形成的经济利益的总流入，包括主营业务收入、劳务收入、利息收入、使用费收入、股利收入等。日常活动是指企业为完成其经营目标而从事的所有活动，以及与之相关的其他活动。因此，收入属于企业主要的、经常性的业务收入，是企业赖以生存和发展的根本保障。

2. 主营业务收入与其他收入分析

企业收入包括主营业务收入、其他业务收入、投资收入和营业外收入等。通过对主营业务收入与其他收入的构成情况分析，可以了解与判断企业的经营方针、方向及效果，进而可分析预测企业的持续发展能力。如果一个企业的主营业务收入结构较低或不断下降，其发展潜力和前景显然是值得怀疑的。

3. 现销收入与赊销收入分析

企业收入中的现销收入与赊销收入构成受企业的产品适销程度、企业竞争战略、会计政策选择等多个因素影响。通过对二者结构及其变动情况分析，可了解并掌握企业产品销售情况及其战略选择，分析判断其合理性。在市场经济条件下，赊销作为商业秘密并不要求企业披露其赊销收入情况，所以，这种分析方法只适用于企业内部分析。

3.2.3 费用构成分析

1. 业务成本构成分析

（1）全部销售成本分析。

全部销售成本分析是指根据产品生产、销售成本表的资料，对企业全部销售成本的本年度实际完成情况与上年度实际情况进行对比分析，从产品类别角度分析各类产品或各主要产品销售成本升降的幅度，以及对全部销售成本的影响程度。全部销售成本分析的一般步骤如下。

第一，将本年度全部产品销售总成本与按本年度实际销售量计算的上年实际销售总成本进行对比，求出销售成本的降低额和降低率。

计算公式是：

全部销售成本降低额 = 本年实际销售总成本 - 按本年实际销售量计算的上年销售总成本

全部销售成本降低率 = 全部销售成本降低额 ÷ 按本年实际销售量计算的上年销售总成本 ×100%

第二，计算主要产品和非主要产品的销售成本降低额和降低率，以及对全部销售成本降低率的影响。主要产品和非主要产品销售成本降低额和降低率的计算可用上式进行，只是产品的范围不同。计算它们对全部销售成本降低率影响的公式是：

主要产品销售成本降低额对全部销售成本降低率的影响 = 主要产品销售成本降低额 ÷ 按本年实际销售量计算的上年销售总成本 ×100%

非主要产品销售成本降低额对全部销售成本降低率的影响 = 非主要产品销售成本降低额 ÷ 按本年实际销售量计算的上年销售总成本 ×100%

第三，计算各主要产品销售成本降低额和降低率，以及它们对全部产品销售总成本降低率的影响。计算公式可采用上述全部销售成本降低额和降低率的计算公式，以及主要产品销售成本降低对全部销售成本降低率影响的公式，只是计算的口径和范围不同。

通过以上三个步骤，不仅分析了全部销售成本的完成情况，而且从产品类别上找出了销售总成本增减变动的原因，为加强成本管理指明了方向。

（2）单位销售成本分析。

从产品全部销售成本分析可以看出，单位销售成本是影响和决定总成本的重要因素，因而深入分析单位销售成本显得尤为必要。进行单位销售成本分析，首先应明确单位销售成本与单位生产成本的关系。它们之间的关系可通过以下关系式反映出来：

产品单位销售成本 = 产品销售总成本 ÷ 产品销量

产品销售总成本 = 本期生产总成本 + 期初结存成本 − 期末结存成本

产品单位生产成本 = 产品本期生产总成本 ÷ 当期生产量

可见，当期单位销售成本与单位生产成本的差异主要受期初和期末结存成本变动的影响。如果企业当期生产产品当期全部销售出去，或者产品单位销售成本采用后进先出法计算，则当期单位销售成本与当期单位生产成本可能是相同的或差异较小。一般而言，对单位销售成本的分析可借助于主要产品单位生产成本表的资料，用单位生产成本分析来替代。

2. 各项费用完成情况的分析

与财务成果直接相关的费用有销售费用、管理费用和财务费用。对各项费用进行分析可采用水平分析法和垂直分析法。运用水平分析法可将各项费用项目的实际数与上期数或计划数进行对比，以揭示各项费用的完成情况及产生差异的原因；运用垂直分析法则可揭示各项费用的构成变动，说明费用构成变动的特点。

【例 3-7】首创公司管理费用的比较分析如表 3-8 所示。

表 3-8　首创公司管理费用的比较分析

项　目	2017 年	2018 年	变动额	变动率
人工成本	766 771 581.48	752 855 182.62	−13 916 398.86	−1.81%
折旧与摊销	93 413 028.27	104 953 027.00	11 539 998.73	12.35%
其他日常费用	392 597 379.94	425 183 089.62	32 585 709.68	8.30%

由表 3-8 比较分析的计算结果可知，变动率最大的项目是折旧与摊销，高达 12.35%。首先考虑到首创公司 2018 年度固定资产明显增加，折旧摊销的升高是可以预期的。其次，还应该关注首创公司的折旧摊销政策是否有年度变化。此外，人工成本变动率为 −1.81%，绝对值减少了 13 916 398.86，这说明管理人员的数量或是工资成本有所减少，这种减少是基于管理效率的增加还是管理方式的改变，还需要进一步分析。

3.3 现金流量表结构分析

cfo 要求你知道

经营活动现金流入量是企业持续发展的内在动力，投资活动的现金流入量代表企业投资的回收或收缩，筹资活动的现金流入指向筹资的规模和方向。

关键术语

现金流入（Cash inflow）
现金流出（Cash outflow）
现金净流量（Net cash flow）

3.3.1 现金流入结构分析

现金流入结构分析包括现金总流入结构分析和三项活动（经营结构、投资活动、筹资活动）现金流入的内部结构分析。现金总流入结构分析就是将企业经营活动、投资活动和筹资活动的各项现金流入加总合计，然后计算每个现金流入项目金额占总流入金额比率，分析现金流入的结构和含义。而三项活动现金流入的内部结构分析就是通过计算各活动内部各项目金额占各活动流入金额合计的比率的方式进行的分析。通过现金流入结构分析，可以明确企业的主要现金来源，以及企业增加现金流入的主要依靠途径。

【例 3-8】根据附表三现金流量表中的数据，首创公司 2018 年现金流入纵向结构分析如表 3-9 所示。

表 3-9　首创公司 2017 年现金流入纵向结构分析

项　　目	金额 / 元	总体结构百分比
经营活动现金流入	9 220 675 661.81	32.53%
销售商品、提供劳务收到的现金	8 229 117 172.10	
收到的税费返还	121 420 092.20	
收到其他与经营活动有关的现金	870 138 397.51	
投资活动现金流入	1 825 589 677.59	6.44%
收回投资收到的现金	1 292 356 197.31	
取得投资收益收到的现金	161 943 016.76	
处置固定资产、无形资产和其他长期资产收回的现金净额	268 049 396.89	
收到其他与投资活动有关的现金	103 241 066.63	
筹资活动现金流入	17 297 432 477.74	61.03%
吸收投资收到的现金	3 220 013 928.49	
其中：子公司吸收少数股东投资收到的现金	820 013 928.49	
取得借款收到的现金	12 479 433 139.95	
发行债券收到的现金	1 500 000 000.00	
收到其他与筹资活动有关的现金	97 985 409.30	
现金流入合计	28 343 697 817.14	100%

首创公司 2018 年经营活动现金流入占总现金流入的 32.53%，投资活动现金流入占总现金流入的 6.44%，筹资活动现金流入占总现金流入的 61.03%。说明公司大部分的现金流入是由筹资活动带来的，这意味着企业还在不断扩大筹资规模，而经营活动产生的现金流入并非企业的主要现金流来源，企业的内在动力不足，尚需一定的对外筹资。

3. 3. 2　现金流出结构分析

现金流出结构分析包括现金总流出结构分析和三项活动（经营活动、投资活动、筹资活动）现金流出的内部结构分析。现金总流出结构分析就是将企业经营活动、投资活动和筹资活动的各项现金流出加总合计，然后计算每个现金流出项目金额占总流出金额的比率，分析现金流出的结构和含义。而三项活动现金流出的内部结构分析就是通过计算各活动内部各项目金额占各活动流出金额合计的比率的方式进行的分析。通过现金流出结构分析，可以明确企业的现金主要用在哪些方面，以及企业节约现金开支的主要依靠途径。

【例 3-9】根据附表三现金流量表中的数据，首创公司 2018 年现金流出纵向结构分析如表 3-10 所示。

表 3-10 首创公司 2018 年现金流出纵向结构分析

项　　目	金额 / 元	部分结构百分比	总体结构百分比
经营活动现金流出	6 731 417 728.73	100.00%	24.76%
购买商品、接受劳务支付的现金	3 162 710 390.88	46.98%	
支付给职工以及为职工支付的现金	1 726 350 610.69	25.65%	
支付的各项税费	922 868 867.39	13.71%	
支付其他与经营活动有关的现金	919 487 859.77	13.66%	
投资活动现金流出	8 845 761 935.74	100%	32.55%
购建固定资产、无形资产和其他长期资产支付的现金	7 449 826 819.79	84.22%	
投资支付的现金	653 729 620.92	7.39%	
取得子公司及其他营业单位支付的现金净额	534 827 600.55	6.05%	
支付其他与投资活动有关的现金	207 377 894.48	2.34%	
筹资活动现金流出	11 601 788 038.77	100.00%	42.69%
偿还债务支付的现金	9 951 550 524.89	85.77%	
分配股利、利润或偿付利息支付的现金	1 497 957 857.19	12.91%	
其中：子公司支付给少数股东的股利、利润	92 681 571.82	0.80%	
支付其他与筹资活动有关的现金	59 598 084.87	0.52%	
现金流出合计	27 178 967 703.24		100.00%

首创公司 2018 年现金流出结构中，经营活动所付现金占总现金流出的 24.76%，投资活动所付现金占总现金流出的 32.55%，筹资活动所付现金占总现金流出的 42.69%。经营活动的现金流出内部结构较为合理，但所占现金流出总量的比例较低。与之相比，更多的现金流出集中在对内扩大再生产，如购建固定资产、无形资产和其他长期资产，以及对外偿还债务。

3.3.3 现金净流量结构分析

现金净流量结构是指经营活动、投资活动、筹资活动，以及汇率变动影响的现金收支净额占全部现金净流量的百分比。它反映企业的现金净流量是如何形成与分布的，也可以反映出收大于支或支大于收的有关原因，为进一步分析现金净流量的增减变动因素指明方向。

【例 3-10】根据附表三现金流量表中的数据，首创公司 2018 年现金净流量纵向结构分析如表 3-11 所示。

表 3-11 首创公司 2018 年现金净流量纵向结构分析

项　　目	金额 / 元	构 成 比 率
经营活动产生的现金净流量	2 489 257 933.08	197.97%
投资活动产生的现金净流量	−7 020 172 258.15	−558.30%
筹资活动产生的现金净流量	5 788 326 010.79	460.33%
现金流量净额合计	1 257 411 685.72	100.00%

首创公司 2018 年现金净流量结构中，投资活动产生的现金净流量为 −7 020 172 258.15 元，说明首创公司扩张较快，投资金额较大。筹资活动产生的现金净流量为 5 788 326 010.79 元，是公司现金流的主要支撑。经营活动产生的现金净流量为 2 489 257 933.08，这意味着不需要筹资活动来弥补经营活动的现金流缺口，但经营活动现金流净额的充分性还需要结合存货周转率和营业利润综合考察。

3.4 所有者权益变动表结构分析

cfo 要求你知道

通过对所有者权益的来源及变动情况，了解变动的具体原因，判断构成所有者权益各个项目的合法性和合理性。

关键术语

所有者权益（Ownership interest）

所有者权益变动表（Statements of changes in owner’s equities）

所有者权益变动表构成分析，既包括对所有者权益各个组成项目余额的构成分析，又包括对所有者权益各个组成项目增减变动额的构成分析。前者是指所有者权益的各个组成项目余额占所有者权益总额的比重，它反映了企业所有者权益项目的分布情况，揭示了企业的经济实力和风险承担能力。后者是指所有者权益的各个组成项目本期增减变动额占本期所有者权益总增减金额的比重，分析它可以让投资者了解企业所有者权益是如何变动的，变动结构是否体现了企业的生产实际，是否符合企业的生产经营战略。

【例 3-11】根据附表四所有者权益变动表中的数据，首创公司所有者权益结构分析如表 3-12 所示。

表 3-12 所有者权益结构分析表

单位：元

项目	2018 年	2017 年	结构	
			2018 年	2017 年
实收资本（或股本）	4 820 614 124.00	4 820 614 124.00	28.13%	35.41%
其他权益工具	4 400 000 000.00	2 000 000 000.00	25.68%	14.69%
资本公积	607 643 405.52	607 588 336.13	3.55%	4.46%
其他综合收益	−268 435 109.84	−465 443 850.73	−1.57%	−3.42%
盈余公积	892 413 081.58	835 256 946.55	5.21%	6.13%
未分配利润	2 026 897 778.11	1 939 994 236.54	11.83%	14.25%
少数股东权益	4 655 029 453.11	3 876 738 444.30	27.17%	28.48%
所有者权益合计	17 134 162 732.48	13 614 748 236.79	100%	100%

表 3-12 中的数据表明，对比 2017 年的所有者权益数据，2018 年的未分配利润出现了快速增长，这个变化直接影响了所有者权益结构分析表中各项目的结构，直接导致未分配利润的比例大幅上升，实收资本、资本公积和盈余公积部分明显下降。所有者权益的结构变化既体现了企业的盈利能力，也进一步说明企业发展潜力有所提升。

股份支付计入所有者权益的金额造成的。如果是多种原因造成的，那么各种原因所致金额占总增加额的比例有多大？

一般来讲，如果实收资本（股本）呈正向变动，说明财务状况良好，发展规模不断扩大；如果股本呈负向变动，则表明财务状况恶化，应办理重整减资以弥补累计亏损，此时必须特别评估企业重整成功的可能性。股本的增减变动受到企业的现金增资政策、并购政策、无偿配股政策及可转换债券持有人的换股决策等因素的影响。造成股本增加的情况通常有现金增资、盈余公积转增资本、资本公积转增资本、并购发行新股、可转换公司债券行使转换权等，而股本减少的原因则是因为办理减资。资本公积从内容上来说，主要包括四大部分，即资本溢价和股本溢价、资产评估增值、接受捐赠资产、外币资本折算差额。从来源上可分为以下部分：超过票面金额发行普通股或特别股的溢价、公司因企业并购而发行股票取得其他公司股票或资产净值所产生的股本溢价、库存股票交易的溢价、受领股东赠予、长期股权投资产生的资本公积等。而影响盈余公积增减变动的主要因素有：本期净损益、前期损益调整（错误更正）及若干会计原则变动的追溯调整、股票股利、现金股利、库存股交易等。

总之，资产总额代表了一个企业的生产经营规模，但更要关注其所有者权益有多少。因为所有者权益表明企业生产经营的最终结果。如果某企业资产总额 1 000 万元，而所有者权益总额不足 10 万元，说明企业的资产 99% 以上为债权人投入的，该企业处于破产清算的边缘。所有者权益总额越大，对债权人而言越有利，当然对投资者及企业内部经营者而言却不一定有利。因此，通过分析所有者权益变动表，不仅可以反映企业资本来源，揭示企业法定资本、利润分配、公积金的使用等构成限制情况，而且有助于向投资者、债权人等提供有关资本来源、净资产的增减变动、分配能力与其决策有用的信息。

4 偿债能力分析

CFO 导语

企业有无支付现金的能力和偿还债务能力，是企业能否生存和健康发展的关键。

本项目架构

- 偿债能力概述
- 短期偿债能力分析
- 长期偿债能力分析

4.1 偿债能力概述

cfo 要求你知道

企业所有的经营活动——融资、投资及经营都能影响企业的偿债能力。

关键术语

短期偿债能力（Short-term Solvency）
长期偿债能力（Long-term Solvency）

资产负债表反映企业的财务状况，分析资产负债表可以判断企业的偿债能力。财务状况是“因”，偿债能力是“果”。

4.1.1 如何理解偿债能力

为了弥补自身资金不足或调整资本结构，企业可能举债经营。举债经营的前提是能够按时还本付息，否则就会使企业陷入困境甚至危及生存。导致企业破产最直接的原因是不能偿还到期债务。

偿债能力是企业偿还到期债务的能力。企业的偿债能力按其债务到期时间的长短分为短期偿债能力和长期偿债能力。

短期偿债能力是指企业偿还流动负债的能力，或者是指企业在短期债务到期时资产可以变现用于偿还流动负债的能力。偿付短期债务一般动用企业目前所拥有的流动资产，因此短期偿债能力分析主要关注流动资产对流动负债的保障程度。

长期偿债能力是指企业偿还长期负债的能力，是指长期债务到期时，企业盈利或资产可用于偿还长期负债的能力。用于偿付长期负债的一般为未来所产生的现金流入，因此长期偿债能力分析主要关注企业资产、负债的结构及盈利能力。

短期偿债能力与长期偿债能力都是保障企业债务及时有效偿付的反映，长期负债在一定期限内将逐步转化为短期负债，因此长期负债得以偿还的前提是企业具有较强的短期偿债能力，短期偿债能力是长期偿债能力的基础。

4.1.2 偿债能力分析的意义

偿债能力的大小直接关系到企业持续经营能力的高低，是衡量企业财务管理水平的核心内容。企业偿债能力的强弱是债权人最关心的，也受到管理者和股东所关注的。

首先，企业偿债能力的强弱直接决定着债权人信贷资金及其利息是否能收回，而及时收回本金并取得较高利息是债权人借贷要考虑的最基本因素。其次，企业偿债能力分析有利于投资者进行正确的投资决策。投资者是企业剩余收益的享有者和剩余风险的承担者，投资者不仅从企业中获得利益的次序在债权人之后，而且在企业破产清算时，投资者获得清偿的次序也在债权人之后。最后，偿债能力的分析对于企业经营者及时发现企业在经营中存在的问题，并采取相应措施加以解决，保证企业生产经营顺利进行也有着十分重要的作用。

4.2 短期偿债能力分析

4-2

cfo 要求你知道

一个企业的短期偿债能力大小，一方面要看流动资产的数量多少和质量如何，另一方面要看流动负债的数量多少和质量如何。

关键术语

流动资产（Current assets）
流动负债（Current liabilities）
流动比率（Current ratio）
速动比率（Quick ratio）

由于流动资产的变现期限和流动负债的偿还期限都不超过一个会计年度（或一个营业周期），一般认为企业应以流动资产保证流动负债的偿还。

短期偿债能力是指一个企业以其流动资产支付流动负债的能力。一个企业的短期偿债能力大小，要看流动资产和流动负债的数量和质量。流动资产的质量是指其“流动性”，即转换成现金的能力，包括是否能不受损失地转换为现金及转换需要的时间。流动负债的质量是指其是否可以展期，即偿还的强制程度和紧迫性。一般说来，企业的债务都是要偿还的，但是并非所有债务都需要在到期时立即偿还。

4.2.1 短期偿债能力的影响因素

进行企业短期偿债能力分析，必须明确影响短期偿债能力的因素。企业的短期偿债能力受到以下因素的影响：一是企业流动资产的规模与质量；二是企业流动负债的规模与质量。

1. 流动资产的规模与质量

流动资产是偿还流动负债的物质保证，流动资产的规模与质量从根本上决定了企业偿还流动负债的能力。从规模上来讲，流动资产越多，企业短期偿债能力越强；从质量上来讲，流动资产的变现能力越强，企业短期偿债能力越强。反映资产变现能力强弱有两个标志：①资产转换成现金的时间，转换时间越短，变现能力越强；②资产预期价格与实际出售价格之间的差额，差额越小，变现能力越强。

不同的流动资产变现能力对流动资产变现速度的影响也不相同。一般来讲，在流动资产中，变现能力由强到弱的顺序排列如下：货币资金、交易性金融资产、应收票据、应收款项、预付账款和存货。

2. 流动负债的规模与质量

企业流动负债的规模与质量也影响着企业的短期偿债能力。从规模来看，流动负债规模越大，企业短期需要偿还的债务负担就越重。债务偿还的强制程度和紧迫性被视为流动负债的质量。不同项目的流动负债，其偿还的强制性和紧迫性不同。一般情况下，时间刚性强的债务会对企业造成实际的偿债压力，如短期借款、应交税费等；而时间刚性弱的债务会减轻企业的偿债压力，如长期合作的供应商的应付账款等。

4.2.2 反映短期偿债能力的主要财务指标

反映短期偿债能力的财务指标主要有营运资本、流动比率、速动比率、现金比率。当然，在利用这些指标评价企业短期偿债能力时，需要同时关注流动资产和流动负债的质量状况。

1. 营运资本

营运资本又称营运资金。广义的营运资本的含义是企业的流动资产总额，狭义的营运资本是指企业的流动资产总额减去各类流动负债后的余额，也称净营运资本。它反映了一旦企业发生清算，哪些流动资产可以立刻变现和用于偿还债务，以保护债权人的利益不受损失。其计算公式为：

营运资本 = 流动资产 - 流动负债

式中，流动资产是指资产负债表中的“流动资产合计”项目；流动负债是指资产负债表中的“流动负债合计”项目。

营运资本越多，说明不能偿还债务的风险越小，因此，一个企业的营运资本状况不仅对企业的内部管理非常重要，更是反映企业财务风险的良好指示器。一般认为，企业的流动资产在减去流动负债后仍有一定的余额，则认为该企业具备了初步的短期偿债能力。

【例 4-1】根据附表一资产负债表中的数据，计算首创公司各年的有关数据如表 4-1 所示。

表 4-1　首创公司 2013—2018 年营运资本、流动负债、流动资产有关数据

单位：元

项　目	2013 年	2014 年	2015 年	2016 年	2017 年	2018 年
流动资产合计	9 568 317 021.46	9 708 474 684.67	11 307 691 553.70	14 073 793 156.01	13 317 434 686.66	9 334 448 256.32
流动负债合计	7 188 798 779.08	7 523 438 002.09	7 688 695 432.71	11 491 009 549.62	10 769 241 227.18	18 366 109 316.02
营运资本	2 379 518 242.38	2 185 036 682.58	3 618 996 120.99	2 582 783 606.39	2 548 193 459.48	−9 031 661 059.70

其中，营运资本趋势如图 4-1 所示。

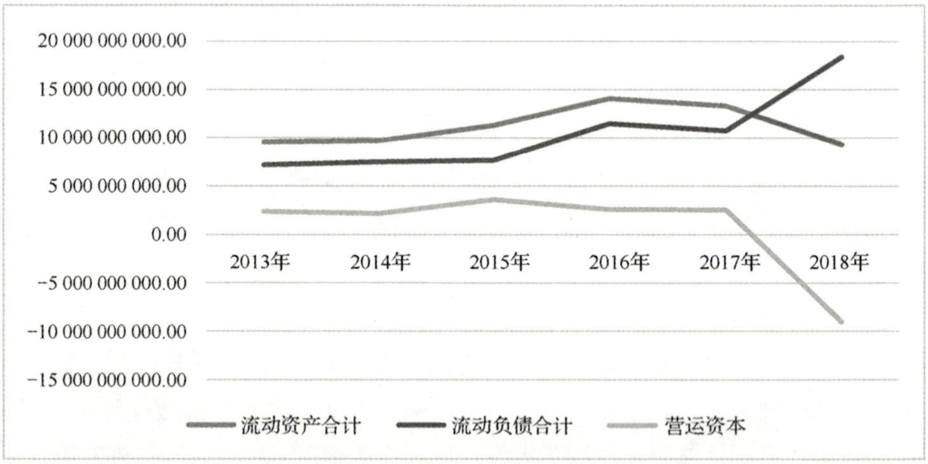

图 4-1　营运资本的趋势

① 营运资本过大，变现能力强的，说明资产利用率不高。营运资本过小，变现能力差的，说明流动资产问题多，潜在的偿债压力大。

② 营运资本过少，预示固定资产投资依赖短期借款等流动性融资的程度高，在经营上可能面临一定的困难。

首创公司营运资本是否充足，要查看应收账款的质量和流动性，之后要查看存货在市场上的变现能力。如果变现能力差，那么存货价值需要在原值上打一定的折扣。

2. 流动比率

流动比率是流动资产与流动负债的比率，用以衡量企业流动资产在短期债务到期前可以变为现金用于偿还流动负债的能力，表明企业每一元钱的流动负债有多少流动资产作为支付的保障。其计算公式为：

$$流动比率=\frac{流动资产}{流动负债}\times 100\%$$

【例 4-2】根据附表一资产负债表中的数据，计算首创公司 2018 年的流动比率。

流动比率 = 流动资产 ÷ 流动负债 ×100%

=9 334 448 256.32÷18 366 109 316.02×100%

≈50.82%

在合理范围内，通常流动比率越高，企业的偿债能力越强。首创公司的流动比率不到 0.51，意味着该企业短期偿债能力较低，说明企业流动资产少，大部分资金被长期资产占用，企业短期偿债压力很大。同时也要结合营业周期的关键指标——存货周转率进行分析，营业周期越短，资金周转速度越快，正常的流动比率越低。

一般认为，流动比率为 2 ∶ 1 比较适宜，但在 20 世纪 90 年代之后，由于“零库存”等新的经营方式的出现，所需要的流动资产平均值已降为 1.5∶1 左右。流动比率过低表示企业难以按期偿还债务；流动比率过高则表明企业流动资产占用较多，影响资金的使用效率和企业的获利能力。

在实际工作中，各种流动资产不可能具有相同的变现能力，所有的流动负债也不可能同时到期。如果企业最近到期的流动负债很多，但是可以变现的流动资产却很少，尽管流动比率表面上反映的情况相当好，事实上企业却面临着现金短缺、周转不畅、偿债能力不足等问题。所以，在分析企业流动比率指标的同时，必须考虑应收账款、存货的变现能力和流动负债到期结构等因素。

3. 速动比率

速动比率是速动资产与流动负债的比率。其计算公式为：

$$速动比率=\frac{速动资产}{流动负债}\times 100\%$$

式中，速动资产是流动资产减去变现能力较差并且不稳定的预付账款、存货和其他流动资产项目后的余额。即速动资产 = 流动资产 − 预付账款 − 存货 − 其他流动资产。

速动比率反映企业短期内可变现资产偿还短期内到期债务的能力。速动比率是对流动比率的补充，一般认为速动比率应维持在 1∶1 左右较为理想，它说明 1 元流动负债有 1 元的速动资产作为保证。如果速动比率大于 1，说明企业有足够的能力偿还短期债务，但同时也说明企业拥有过多的不能获利的现金和应收账款；反之，速动比率小于 1，说明企业将依赖出售存货或举新债偿还到期债务，这就可能造成急需售出存货带来的削价损失或举新债形成的利息负担。

在分析中将存货从流动资产中减去，可以更好地反映一个企业偿还短期债务的能力。因为在流动资产中存货的变现速度最慢，而且还可能存在抵押、损失报废未做处理等情况，因此，在企业不希望用变卖存货的办法偿还债务的情况下，把存货从流动资产总额中减去而计算出的速动比率反映的短期偿债能力可信度更高。

在对速动比率进行分析时，不能完全按计算结果来判断流动负债的安全性或企业不能及时偿债的风险结论。如果存货流转顺畅，变现能力强，那么即使速动比率比较低，只要流动比率比较高，企业仍能到期足额还本付息。速动比率相对流动比率更适合于以较高的标准衡量企业是否面临偿债风险。

【例 4-3】根据附表一资产负债表中的数据，计算首创公司 2018 年的速动比率。

速动比率 = 速动资产 ÷ 流动负债 ×100%

=7 662 684 533.78÷18 366 109 316.02×100%

≈41.72%

通过以上计算结果可以看出首创公司 2018 年的速动比率指标理论上未超过 1，说明企业缺乏足够的能力偿还短期债务。

4.2.3 短期偿债能力的横向分析及趋势分析

1. 短期偿债能力的横向分析

对比国务院国资委财务监督与考核评价局编写的《企业绩效标准值》中的行业平均值指标，可以从表 4-2 中看出，首创公司的速动比率为 41.72%，而行业平均值为 105.3%，低于行业平均水平。这表明首创公司的短期偿债能力较差，可变现资产偿还短期内到期债务的能力较弱。但是，由于比例过低，引发对其流动资金过少，生产能力存在问题的疑虑，可以结合其流动资产及利用率情况做进一步分析。

表 4-2　短期偿债能力的横向分析

指　标	平　均　值	实　际　值
流动比率	无	50.82%
速动比率	105.3%	41.72%

注：表中数据来源于《企业绩效标准值》。

2. 短期偿债能力的趋势分析

对比 5 年来流动比率和速动比率的变化情况来看，首创公司 2014—2017 年的短期偿债能力保持稳定，但是 2018 年流动比率和速动比率都出现明显的下降，说明首创公司 2018 年的短期偿债能力明显降低，对企业的经营不利。短期偿债能力的纵向分析如表 4-3 所示。

表 4-3　短期偿债能力的纵向分析

指　标	2014 年	2015 年	2016 年	2017 年	2018 年
流动比率	129.04%	147.07%	122.48%	123.66%	50.82%
速动比率	73.44%	80.23%	59.91%	59.30%	41.72%

短期偿债能力的纵向趋势分析图如图 4-2 所示。

4.2.4 短期偿债能力分析需要特别考虑的情形

在分析评价企业短期偿债能力时，除了计算上述指标外，还要考虑以下几个影响因素。

1. 可在短期内动用的银行信贷额度

银行已同意但尚未办理贷款手续的银行贷款限额，可以随时增加企业的现金，提高短期偿债能力。但这一数据不反映在相关的财务报表中，如有必要，企业可在财务状况说明书中予以说明。银行贷款授信额度有助于改善企业的财务形象，增强企业的现金支付能力，所以那些得到银行授信的企业都会向市场公布这一好消息。

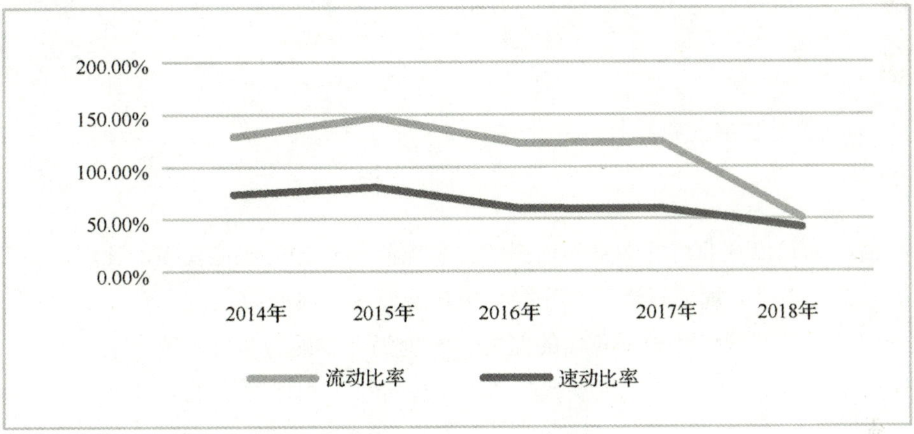

图 4-2　短期偿债能力的纵向趋势分析图

2. 企业偿债能力的信誉

良好的长期融资能力往往是缓解短期偿债危机的重要保证。如果企业的长期偿债能力一贯很好，在短期偿债方面出现困难时，可以通过发行债券等方法解决资金的短缺问题。这种方法取决于企业自身的信用状况和当时的筹资市场环境。考察企业信用状况，可参考有关机构对企业的信用评级和金融机构出具的企业征信报告。

3. 补偿性存款

补偿性存款是银行及其他金融机构要求借款客户在其存款账户维持的最低的现金余额。最低余额通常用以支持目前公司与贷款机构的借款协议，确保公司目前借款及未来信用的保证。实际上是减少了借款人用于偿还债务的现金，因此分析时可以予以剔除。

4.3　长期偿债能力分析

cfo 要求你知道

资产是清偿企业债务的最终物质保证，盈利能力是清偿债务的经营收益保障，现金流量是清偿债务的支付保障。

关键术语

资产负债率（Debt-asset ratio）

产权比率（Equity ratio）

分析偿债能力是以企业持续经营为前提的，资产按照规定的用途使用、变现，债务按照规定的期限偿还，企业不会大规模减资。离开持续经营就没有偿债能力。

长期偿债能力是企业偿还长期负债的能力，表现为还本能力和付息能力两个方面，资产负债表的分析侧重于资本结构的反映，主要包括资产负债率、产权比率等指标。

4.3.1 长期偿债能力的影响因素

影响企业长期偿债能力的因素主要有企业盈利能力、资本结构和企业长期资产的保值程度等因素。

1. 企业盈利能力

企业盈利能力是企业在一定时期获得利润的能力，企业长期偿债能力与盈利能力密切相关。虽然资产或所有者权益是对企业债务的最终保障，但在正常的经营过程中，企业不可能靠出售资产来偿还债务。企业长期的盈利水平和经营活动现金流量是偿付债务本金和利息最稳定、最可靠的来源。从企业负债经营的实质内容来看，企业借入资金是期望获得财务杠杆收益。企业盈利能力强，借入资金收益率超过固定支付的利息率，即可获得负债所带来的杠杆收益，并保障债务到期时能够足额资金偿还。如果企业借入资金的收益率低于固定支付的利息率，企业要承担更多的损失，相应将会导致企业在债务到期时可能无法足额偿付债务本金和利息。所以，企业长期盈利能力是决定企业长期偿债能力的主要因素。

2. 资本结构

资本结构是指资金的来源结构，从资产负债表角度看是负债与所有者权益之间的比例关系。从债权人角度看，企业通过负债所筹集的资金所占比重越小，企业自有资金对债务的保障程度就越高，债务到期无法足额偿付的比重就越小。从企业角度看，负债比重越大，财务风险越大，企业资本成本就越低，收益就越高；所有者权益比重越大，财务风险越小，企业资本成本就越高，收益就越低。因此，安排最佳的资本结构，就要权衡负债与所有者权益的风险与成本，找到恰当的均衡点。

3. 长期资产的保值程度

长期资产是企业长期偿债能力的物质保证，但对于债权人来说，在债务到期时需要企业用现金来偿还负债，而不是直接获得企业的长期资产。如果企业大部分长期资产在面临债务偿还时变现能力过低，可能会导致企业即使拥有很多长期资产也无法足额偿付债务。因此，分析企业的长期偿债能力，除了关注盈利能力和资本结构外，还要特别关注企业长期资产的保值程度。

4.3.2 反映长期偿债能力的主要财务指标

1. 资产负债率

资产负债率又称负债比率、举债经营比率，是负债总额与资产总额的比值。其计算公式为：

$$资产负债率=\frac{负债总额}{资产总额}\times 100\%$$

式中，资产总额指企业的全部资产总额，即资产负债表中的“资产合计”项目。负债总额指企业的全部负债，即资产负债表中的“负债合计”项目。

【例 4-4】根据附表一资产负债表中的数据，计算首创公司 2018 年的资产负债率。

资产负债率 = 负债总额 ÷ 资产总额 ×100%

=33 860 145 665.21÷50 994 308 397.69×100%

≈66.40%

通过上述计算结果可以看出，首创公司 2018 年的总资产中只有 66.40% 是由债权人提供的，所以公司总体融资方式运用比较合理。

资产负债率表示在企业全部资金来源中，从债权人方面取得的资金来源数额占企业全部资金来源的比重。它是衡量企业负债水平及风险程度的重要标志。分析该比率时应注重与行业平均数的比较。对于经营风险比较高的企业，为减少财务风险应选择比较低的资产负债率；对于经营风险低的企业，为增加股东收益应选择较高的资产负债率。运用该指标分析长期偿债能力时，应结合总体经济状况、行业发展趋势、所处市场环境等进行综合判断。

从债权人的角度看，资产负债率越低越好。资产负债率低，债权人提供的资金与企业资本总额相比，所占比例低，企业不能偿债的可能性小，企业的风险主要由股东承担，这对债权人来讲，是十分有利的。从股东的角度看，他们希望保持较高的资产负债率水平，当全部资本利润率高于借款利息率时，负债比例越高越好。从经营者的角度看，他们最关心的是在充分利用借入资本给企业带来好处的同时，尽可能地降低财务风险。

2. 有形资产负债率

由于无形资产具有极大的不确定性，在企业清算时，用于抵偿债务的能力较差，所以将无形资产从资产中扣除，则有：

$$有形资产负债率=\frac{负债总额}{资产总额-无形资产净值}\times 100\%$$

式中，无形资产净值是指资产负债表中的“无形资产”项目。

有形资产负债率的比率越低，则表明企业有形资产对其负债的保障程度越高，该项指标更能客观地评价企业偿债能力。

【例 4-5】根据附表一资产负债表中的数据，计算首创公司 2018 年的有形资产负债率。

$$有形资产负债率=\frac{负债总额}{资产总额-无形资产净值}\times 100\%$$

=33 860 145 665.21÷（50 994 308 397.69−17 259 864 829.64）×100%

=33 860 145 665.21÷33 734 443 568.05×100%

≈100.37%

通过上述计算可以看出，首创公司的有形资产负债率超过 1，表明企业有形资产对其负债的保障程度很低，企业需要进行进一步的考察和分析。

3. 股权比率

股权比率的计算公式为：

$$股权比率=\frac{所有者权益总额}{资产总额}\times 100\%$$

=1- 资产负债率

式中，所有者权益总额是指资产负债表中的“所有者权益合计”项目。

股权比率越高，资产负债率越低。所有者投入的资金在全部资金中所占的比例越大，则债权人投入的资金所占比例越小。

【例 4-6】根据附表一资产负债表中的数据，计算首创公司 2018 年的股权比率。

股权比率 = 所有者权益总额 ÷ 资产总额 ×100%

=17 134 162 732.48÷50 994 308 397.69×100%

≈33.60%

通过上述计算结果可以看出，首创公司 2018 年的股权比率为 33.60%，表明每 100 元资产中有 33.6 元来自所有者投入。如果该比率过小，就表明公司过度负债。而比率过高，意味着公司没有积极地运用财务杠杆作用来扩大经营。首创公司的股权比率略低，表明企业外部举债比率稍高，容易削弱公司抵御外部冲击的能力。

4. 权益乘数

权益乘数的计算公式为：

权益乘数 = 资产总额 ÷ 所有者权益总额

权益乘数表明企业资产总额是所有者权益的倍数，该比率越大，表明所有者投入的资本在资产总额中所占比重越小，对负债经营利用得越充分，但反映企业的长期偿债能力越弱。

【例 4-7】根据附表一资产负债表中的数据，计算首创公司 2018 年的权益乘数。

权益乘数 = 资产总额 ÷ 所有者权益总额

=50 994 308 397.69÷17 134 162 732.48

≈2.98

通过上述计算结果可以看出，首创公司 2018 年的权益乘数为 2.98，代表该公司所有可以运用的总资产是所有者权益的 2.98 倍，代表该公司向外融资的财务杠杆倍数。

5. 产权比率

产权比率是指负债总额与所有者权益的比率，产权比率又称资本负债率。计算公式为：

$$产权比率=\frac{负债总额}{所有者权益总额}\times100\%$$

产权比率反映企业所有者对债权人权益的保障程度。这一比率越低表明企业的长期偿债能力越强，债权人权益的保障程度越高，承担的风险越小，但企业不能充分地发挥负债的财务杠杆效应。一般认为这一比率为1∶1时最为理想。产权比率与资产负债率对评价偿债能力的作用基本一致，与资产负债率的区别是：资产负债率侧重于分析债务偿付安全性的物质保障程度，产权比率侧重于揭示财务结构的稳健程度以及自有资金对偿债风险的承受能力。

【例 4-8】根据附表一资产负债表中的数据，计算首创公司 2018 年的产权比率。

产权比率 = 负债总额 ÷ 所有者权益总额 ×100%

=33 860 145 665.21÷17 134 162 732.48×100%

≈197.62%

通过上述计算结果可以看出，首创公司 2018 年的产权比率高达 197.62%，说明债权人权益保障程度较低，长期偿债能力非常弱。但公司拥有一个低风险、低报酬的财务结构。

4.3.3 长期偿债能力的横向分析及趋势分析

1. 长期偿债能力的横向分析

首创公司的资产负债率为 66.40%，略高于行业平均水平的 65%。资产负债率普遍偏高表明公司的财务成本较高，风险较大，偿债能力弱，经营不稳定，对于投资行为的态度不太慎重。而从另一方面来看，表明首创公司利用的外部资金较多，应该结合其战略发展分析高资产负债率是否会制约企业的经营活动，如表 4-4 所示。

表 4-4 长期偿债能力的横向分析

项　　目	平 均 值	实 际 值
资产负债率	65%	66.40%
有形资产负债率	无	100.37%
股权比率	无	33.60%
权益乘数	无	2.98
产权比率	无	197.62%

注：表中数据来源于《企业绩效标准值》。

2. 长期偿债能力的趋势分析

如表 4-5 中数据所示，5 年以来首创公司的长期偿债能力指标较稳定，均保持稳健的经营状态。在 2015 年出现了小幅的上扬。这表明首创公司 5 年来的经营风格变化不大，长期偿债能力也一直保持在较高的水平，同时也反映出其举债能力的空间较大，存在一定的发展潜力。

表 4-5 长期偿债能力的趋势分析

指　　标	2013 年	2014 年	2015 年	2016 年	2017 年	2018 年
资产负债率	59.40%	59.55%	69.01%	67.33%	65.65%	66.40%

（续表）

指　　标	2013 年	2014 年	2015 年	2016 年	2017 年	2018 年
有形资产负债率	77.66%	79.20%	94.79%	94.02%	97.34%	100.37%
股权比率	40.60%	40.45%	30.99%	32.67%	34.35%	33.60%
权益乘数	2.46	2.47	3.23	3.06	2.91	2.98
产权比率	146.31%	147.21%	222.70%	206.14%	191.12%	197.62%

4.3.4 长期偿债能力分析需要特别考虑的情形

分析企业长期偿债能力，除了对上述指标进行分析评价之外，还应注意以下表外因素的影响。

1. 资产价值的影响

资产负债表上的资产价值主要是以历史成本为基础确认计量的，这些资产的账面价值与实际价值往往有一定差距。资产的账面价值是历史数据，而市场处于不断变化之中，对于某些资产的账面价值已不能完全反映其实际价值，如企业处于城市中心地段的厂房会发生大幅度增值，而一些技术落后的设备其账面价值又会大大低于市场价值。

2. 长期经营性租赁的影响

当企业急需购买某项设备而又缺乏足够的资金时，可以通过租赁方式解决。财产租赁有融资租赁和经营租赁两种形式，融资租赁的设备可视同企业的自有资产，相应的租赁费作为长期负债处理；而企业经营租赁的设备则不包括在固定资产总额中，如果该设备被长期占用，形成了一项长期固定的租赁费用，实际上是一种长期筹资行为，但其租赁费用又不能作为长期负债处理。如此，需要偿还的债务和用于偿债保障的资产两方面都出现了特殊情况，若被忽略就会对企业的长期偿债能力产生负面影响。

3. 或有事项和承诺事项的影响

无论是或有事项，还是承诺事项，均有可能减弱企业长期偿还能力，必须对此严加观察和分析，防患于未然。

5 盈利能力和营运能力分析

CFO 导语

企业的营运能力强，企业的盈利能力才会强。在保证有盈利的前提下，营运能力越强，盈利能力和偿债能力就会越强。

本项目架构

- 盈利能力分析
- 营运能力分析

5.1 盈利能力分析

5-1

cfo 要求你知道

从企业生存的角度看，利润的增速要比收入的增长更重要。

关键术语

盈利能力（Earning power）
营业净利率（Net operating profit ratio）
总资产报酬率（Return on total assets）
资本利润率（Return on capital）

5.1.1 盈利能力概述

1. 盈利能力分析的意义

所谓盈利能力是指公司赚取利润的能力。

对于企业的所有者来说，企业的盈利能力越强，企业的税后利润也就越多，这样，在提取企业法定盈余公积之后向投资者分配的利润也就必然增多；另外，企业的盈利能力与上市公司的股票价格之间具有密切关系。对于企业的债权人来说，企业的偿债能力大小最终取决于获利水平的高低。对于企业的经营者来说，盈利能力是公司财务结构和经营绩效的综合体现。

2. 盈利能力分析的内容

盈利能力的分析是企业财务分析的重点，其根本目的是通过分析及时发现问题，改善企业财务结构，提高企业偿债能力、经营能力，最终提高企业的盈利能力，促进企业持续稳定地发展。

企业盈利能力包含两个层次的内容：一是公司在一个会计期间内从事生产经营活动的盈利能力分析；二是公司在一个较长期间内稳定地获得较高利润能力的分析。所以，企业盈利能力分析包括以下具体内容。

① 与销售有关的盈利能力分析，主要包括营业毛利率、营业净利率和成本费用利润率等指标，这些指标反映企业在本会计期间的盈利水平。

② 与资本和资产有关的盈利能力分析，主要包括总资产利润率、资本利润率、和总资产报酬率等指标，这些指标在某种程度上解释了企业在一个较长期间内的盈利能力。

5.1.2 与销售有关的盈利能力分析

1. 营业毛利率

营业毛利是营业收入与营业成本的差额。

营业毛利率是企业的营业毛利与营业收入的比率。毛利率越大，说明在营业收入中营业成本占的比例越小，企业通过销售获取盈利的能力越强。 其计算公式为：

$$营业毛利率=\frac{营业毛利}{营业收入}\times 100\%$$

其中，营业毛利 = 营业收入 - 营业成本。

式中，营业收入为利润表中“营业收入”项目；营业成本为利润表中“营业成本”项目。

营业毛利率反映产品每销售一元所包含的毛利率，即营业收入扣除营业成本以后还有多少剩余可用于各期费用和形成利润。营业毛利率越高，表明产品的盈利能力越强。

【例 5-1】根据附表二利润表中的数据，计算首创公司 2018 年的营业毛利率。

营业毛利率 =（营业收入 - 营业成本）÷ 营业收入 ×100%

=（9 285 468 447.99−6 369 991 916.41）÷9 285 468 447.99×100%

=2 915 476 531.58÷9 285 468 447.99×100%

≈31.40%

通过上述计算结果可以看出，首创公司的销售毛利率仅有 31.40%，如果再扣除其他成本费用，考虑到非经常性损失和税收因素，可以预计企业盈利空间不大。

评价企业营业毛利率需要注意，该指标有明显的行业特点。一般说来，营业周期短、固定成本低的行业毛利率水平会比较低，如商业企业；而营业周期长、固定成本高的行业则必须有较高的毛利率，以弥补其巨额的固定成本，如工业企业。

2. 营业净利率

营业净利率是指企业一定时期实现的营业利润同营业收入净额的比率。它表明企业每单位营业收入所能实现的销售利润，是反映企业主营业务的获利能力的重要指标。其计算公式为：

$$营业净利率=\frac{净利润}{营业收入}\times 100\%$$

式中，净利润为利润表中“净利润”项目。

营业净利率反映每 1 元销售收入最终赚取了多少利润， 用于反映产品最终的盈利能力。分析该指标可以考察和评价企业的基本盈利能力。

【例 5-2】根据附表二利润表中的数据，计算首创公司 2018 年的营业净利率。

营业净利率 = 净利润 ÷ 营业收入 ×100%

=702 146 742.6÷9 285 468 447.99×100%

≈7.56%

通过上述计算结构可以看出，首创公司 2018 年营业净利率为 7.56%，说明每 100 元的销售收入获得 7.56 元的净利润，公司盈利水平较差。

3. 成本费用利润率

成本费用利润率是企业一定时期的利润总额同企业成本费用总额的比率。该指标表示企业为取得利润而付出的代价，反映所耗与所得关系，从企业支出方面评价企业的收益能力，其计算公式为：

$$成本费用利润率 = \frac{利润总额}{成本费用总额} \times 100\%$$

式中，利润总额为利润表中“利润总额”项目。成本费用总额为利润表中“营业成本”“税金及附加”“销售费用”“财务费用”“管理费用”项目之和。

【例 5-3】根据附表二利润表中的数据，计算首创公司 2018 年的成本费用利润率。

成本费用利润率 = 利润总额 ÷ 成本费用总额 ×100%

=971 882 048.83÷8 751 297 912.76×100%

≈11.11%

通过上述计算结果可以看出，首创公司 2018 年的成本费用利润率为 11.11%，表明每支付 100 元的成本费用可以带来 11.11 元的利润。该比率越高，表明企业为取得利润而付出的代价越小，企业成本费用控制的越好，获利能力越强。由于该指标从耗费角度评价企业收益状况，有利于促进企业加强内部管理、节约开支，提高经济效益。

5.1.3 与资本和资产有关的盈利能力分析

1. 总资产报酬率

总资产报酬率是指净利润与资产平均总额的比率。该指标主要用来衡量企业全部资产获取利润的能力，它反映了企业资产的利用效率，是评价企业资产运营效益的重要指标。其计算公式为：

$$总资产报酬率 = \frac{息税前利润总额}{平均资产总额} \times 100\%$$

式中，息税前利润总额为利润表中的“利润总额 + 财务费用”项目，平均资产总额为同期资产负债表中“资产合计”项目期初余额和期末余额的算术平均数。

一般情况下，该指标数值越高，表明企业投入产出水平越高，资产运营效果越好。总资产报酬率作为评价资产经营效果的财务指标，要求企业选择获利能力高的投资项目，充分有效地运用企业控制的资产，合理进行资产组合和重组，及时处理闲置、积压资产，最大限度地发挥企业全部资产的效率。

【例 5-4】根据附表一资产负债表和附表二利润表中的数据，计算首创公司 2018 年的总资产报酬率。

总资产报酬率 = 息税前利润总额 ÷ 平均资产总额 ×100%

=1 883 537 816.78÷45 314 711 186.42×100%

≈4.16%

根据上述计算结果可以看出，首创公司 2018 年总资产报酬率为 4.16%，表明公司投入 100 元资产，可以带来 4.16 元的息税前利润，公司资产运营效率一般。

2. 净资产利润率

净资产利润率又称权益净利率或权益报酬率，是指在一定时期内实现的净利润与同期净资产平均余额的比率。净资产利润率充分体现了投资者投入企业的自有资本获取利润的能力，是评价企业资本经营效益的核心指标，备受企业投资者的关注。其计算公式为：

$$净资产利润率 = \frac{净利润}{净资产平均余额} \times 100\%$$

式中，净资产平均余额为同期资产负债表“所有者权益合计”项目期初余额与期末余额的算术平均数。

净资产利润率越高，表明企业自有资本获取收益的能力越强，资产运营效果越好，对投资者、债权人的保证程度越高。净资产利润率通用性强，使用范围广，不受行业局限。

【例 5-5】根据附表一资产负债表和附表二利润表中的数据，计算首创公司 2018 年的净资产利润率。

净资产利润率 = 净利润 ÷ 净资产平均余额 ×100%

=702 146 742.6÷15 374 455 484.64×100%

≈4.57%

根据上述计算结果可以看出，首创公司 2018 年净资产利润率为 4.57%，表明投资者每投入 100 元可以带来 4.57 元的净利润。

3. 资本利润率

资本利润率，是指企业净利润（税后利润）与平均资本（资本性投入及其资本溢价）的比率，用以反映企业运用资本获得收益的能力。资本利润率越高，说明企业自有投资的经济效益越好，投资者的风险越少，值得继续投资，对股份有限公司来说，就意味着股票升值。因此，它是投资者和潜在投资者进行投资决策的重要依据。对企业经营者来说，如果资本利润率高于债务资金成本率，则适度负债经营对投资者来说是有利的；反之，如果资本利润率低于债务资金成本率，则过高的负债经营就将损害投资者的利益。

$$资本利润率 = \frac{净利润}{平均资本} \times 100\%$$

式中，平均资本 =[（实收资本年初数 + 资本公积年初数）+（实收资本年末数 + 资本公积年末数）]÷2。

分析时应注意：

（1）上述资本公积仅指资本溢价（或股本溢价）。

（2）资本利润率只反映了投入资本的获利水平，并非企业每期实际支付给所有者的利润。

【例 5-6】根据附表一资产负债表和附表二利润表中的数据，计算首创公司 2018 年的资本利润率。

资本利润率 = 净利润 ÷ 平均资本 ×100%

=702 146 742.6÷{ [（4 820 614 124.00+ 607 588 336.13）+（4 820 614 124.00+ 607 643 405.52）]÷2}×100%

≈12.94%

根据上述计算结果可以看出，首创公司 2018 年资本利润率为 12.94%，则反映投入每 100 元资本可以获得 12.94 元的净利润。该比率越高，说明公司自有投资的经济效益越好，投资者风险越小，值得投资。

5.1.4 盈利能力的横向分析及趋势分析

1. 盈利能力的横向分析

盈利能力的横向分析如表 5-1 所示。对比行业盈利能力数据，首创公司的总资产报酬率、净资产利润率和资本利润率都高于行业平均值。这表明首创公司的盈利能力很强，在同行业中具有较强的核心竞争力。

表 5-1 盈利能力的横向分析

项 目	平 均 值	实 际 值
总资产报酬率	0.70%	4.16%
净资产利润率	1.30%	4.57%
资本利润率	1.30%	12.94%

注：表中数据来源于《企业绩效标准值》。

2. 盈利能力的趋势分析

盈利能力的趋势分析如表 5-2 所示。首创公司的盈利能力在 5 年中趋势较为平稳，但是呈现稳中下降的状态。整体经营和盈利较好，盈利模式稳定可预期。

表 5-2 盈利能力的趋势分析

项 目	2014 年	2015 年	2016 年	2017 年	2018 年
总资产报酬率	6.41%	5.76%	4.81%	4.49%	4.16%
净资产利润率	9.05%	7.80%	7.16%	5.09%	4.57%
资本利润率	21.95%	18.07%	15.38%	11.99%	12.94%

盈利能力的趋势分析如图 5-1 所示。

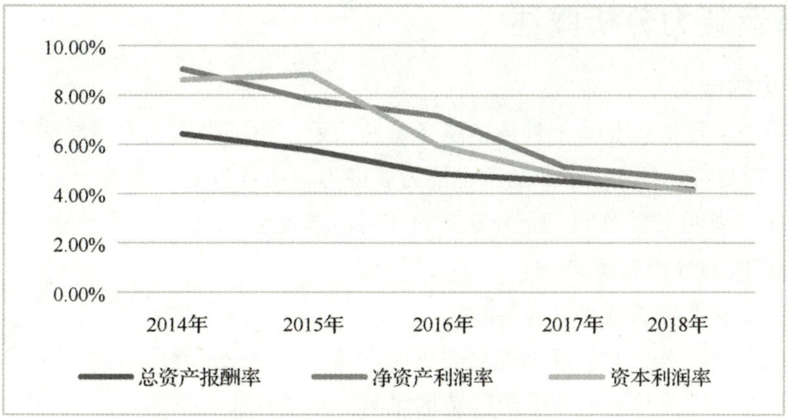

图 5-1 盈利能力的趋势分析

5.2 营运能力分析

cfo 要求你知道

营运能力需要营销部、生产部、物流部、仓储部、售后服务部和财务部等所有部门的相互配合，共同努力。

关键术语

营运能力（Operating capacity）
应收账款周转率（Account receivables turnover）
存货周转率（Inventory turnover）
流动资产周转率（Turnover of current assets）
固定资产周转率（Turnover of fixed assets）
总资产周转率（Total asset turnover ratio）

5.2.1 营运能力分析概述

1. 营运能力的含义

企业营运能力，是指企业基于外部市场环境的约束，通过内部人力资源和生产资料的配置组合而实现财务管理目标的能力。企业的营运能力表现为企业各类生产要素所占用资金的周转速度，资金周转速度快，表明资金得到了充分有效的利用，资金使用效果较好，企业营运能力较强。

2. 企业营运能力分析的意义

（1）有利于企业管理者改善经营管理。

企业营运能力分析对企业管理当局至关重要，通过对企业营运能力进行分析，可以发现和揭示与企业经营性质、经营时期不相适应的结构比例，并及时加以调整，形成合理的资产结构，改善财务状况，加速资金周转。

（2）有助于投资者进行投资决策。

企业营运能力分析有助于判断企业财务的安全性、资本的保全程度及资产的收益能力，可以帮助投资者进行相关投资决策。

（3）有助于债权人进行信贷决策。

资产结构和资产管理效果分析有助于判断其债权的物资保证程度或安全性，可以帮助债权人进行相应的信用决策。

3. 企业营运能力分析的内容

企业营运能力分析包括人力资源营运能力分析和生产资料营运能力分析。

人力资源营运能力通常采用劳动效率指标进行分析。劳动效率，是指企业营业收入或净产值与平均职工人数（可以视不同情况具体确定）的比率。对企业劳动效率进行劳动效率考核评价主要是采用比较的方法。例如，将实际劳动效率与本企业计划水平、历史先进水平或同行业平均先进水平等指标进行对比，找出差异，分析差异，以期改进。

生产资料营运能力实际上就是企业的总资产及其各个组成要素的营运能力。资产营运能力的强弱取决于资产的周转速度、资产运行状况、资产管理水平等多种因素。

利用财务报表提供的基础资料，主要进行生产资料营运能力分析。生产资料营运能力分析可以从流动资产周转情况、固定资产周转情况、总资产周转情况等方面进行分析。

4. 营运能力分析的基本方法

资产营运能力的强弱取决于资产的周转速度、资产运行状况、资产管理水平等多种因素。表示企业资产营运能力的指标是资产的周转率，通常用周转次数和周转天数来表示。

（1）资产周转次数。

资产周转次数，是指企业在一定时期内资产的周转额与平均余额的比率。周转次数越多表明周转速度越快，资产营运能力越强。

（2）资产周转期。

资产周转天数，就是资产周转一次所需要的时间，是周转率的倒数与计算期天数的乘积。周转期越短，表明周转速度越快，资产营运能力越强。

5.2.2 流动资产营运能力分析

1. 应收账款周转率

应收账款周转率是衡量企业应收账款周转速度的财务指标。应收账款周转率有两种表现形式：应收账款周转次数和应收账款周转期。

（1）应收账款周转次数是企业产品赊销收入净额与应收账款平均余额的比率，即应收账款在一定期间内（通常为一年）周转的次数，计算公式为：

应收账款周转次数＝赊销收入净额 ÷ 应收账款平均余额

应收账款平均余额＝（当期年初应收账款余额＋当期年末应收账款余额）÷2

式中，赊销收入净额为利润表“营业收入”项目本期金额；应收账款平均余额是指资产负债表中应收账款期初余额和期末余额的算数平均数。

【例 5-7】根据附表一资产负债表和附表二利润表中的数据，计算首创公司 2018 年的应收账款周转次数。

应收账款周转次数＝赊销收入净额 ÷ 应收账款平均余额

=9 285 468 447.99÷2 170 446 746.44

≈4.28（次）

根据上述计算结果可以看出，首创公司 2018 年应收账款周转次数为 4.28 次，这是一个正指标，次数越多，说明应收账款的变现能力越强。

（2）应收账款周转期是指应收账款周转一次所需的时间，即企业自发出商品开始至收回应收账款为止所经历的天数，亦称应收账款账龄。其计算公式为：

应收账款周转天数 =360（计算期天数或报告期天数）÷ 应收账款周转次数

应收账款周转率是反映企业应收账款变现速度快慢与管理效率高低的指标。一定时期内，企业应收账款周转次数越多，周转天数越短，则表明应收账款回收速度越快，企业管理工作的效率越高。同时，提高应收账款周转率还可以有效地减少收账费用和坏账损失，而且应收账款作为流动资产的重要组成部分，其周转速度的加快，还会提高流动资产的流动性和短期偿债能力。但是，这些并不意味着周转比率越高越好。如果过分强调加速应收账款周转率，采用较为苛刻的信用政策，则会削弱企业的竞争能力，并影响企业产品销售量的扩大，从而制约企业的盈利水平。

【例 5-8】计算首创公司 2018 年的应收账款周转天数。

应收账款周转天数 =360÷ 应收账款周转次数

=360÷4.28

≈84.11（天）

根据上述计算结果可以看出，首创公司 2018 年应收账款周转需要 84.11 天，应收账款周转率指标的运用，应该将计算的数据与企业不同时期、同期行业水平等进行比较，合理判断。

2. 存货周转率

存货周转率是用来测定企业存货的变现速度，衡量企业销售能力及存货库存合理性的财务指标。存货周转率有周转次数和周转天数两种表现形式。

（1）存货周转次数是指产品营业成本与存货平均余额的比率，即存货在一定时期内（通常为一年）周转的次数，计算公式为：

存货周转次数＝营业成本 ÷ 存货平均余额

存货平均余额＝（当期年初存货余额＋当期年末存货余额）÷2

式中，营业成本取利润表中“营业成本”本期金额；存货平均余额是指资产负债表中存货期初余额和期末余额的算数平均数。

（2）存货周转天数是指存货周转一次所需要的时间，即存货自采购入库之日起到销售出库之日止的天数，其计算公式为：

存货周转天数=360（计算期天数或报告期天数）÷ 存货周转次数

【例 5-9】根据附表一资产负债表和附表二利润表中的数据，计算首创公司 2018 年的存货周转次数和存货周转天数。

存货周转次数＝营业成本 ÷ 存货平均余额

=6 369 991 916.41÷922 215 220.15

≈6.91（次）

存货周转天数 =360÷6.91

≈52.1（天）

根据上述计算结果可以看出，首创公司 2018 年存货周转次数为 6.91 次，存货周转需要 52.1 天。一般认为，一定时期内存货周转次数越多或周转期越短，则企业存货周转速度越快，销售能力较强，存货转变为现金或应收账款的速度较快，存货占用水平低。但是，这并不意味着存货周转速度越快越好。如果某企业存货周转次数太高，远远超过行业平均水平，也可能说明该企业管理方面存在一些潜在的问题，如存货占用水平太低，甚至经常缺货或者采购次数过于频繁，批量太小，不利于存货成本的控制。合理的存货周转率要视行业特征、企业自身特点及市场行情而定。

由于存货在流动资产中占有较大的比重，存货占用的合理性和周转速度快慢，对企业流动比率具有举足轻重的影响力，进而影响到企业短期偿债能力。加速存货资金周转历来就是企业较为关注的一个理财领域。

3. 流动资产周转率

流动资产周转率是销售收入与流动资产的比率，是衡量企业流动资产周转速度和利用效果的财务指标。周转率一般有两种表现形式：周转次数和周转天数。

（1）流动资产周转次数是企业流动资产在一定时期内（通常为一年）所完成周转额与流动资产平均余额的比率，计算公式为：

流动资产周转次数＝营业收入 ÷ 流动资产平均余额

流动资产平均余额＝（当期年初流动资产余额＋当期年末流动资产余额）÷2

式中，营业收入取利润表中“营业收入”本期金额；流动资产平均余额是指资产负债表中流动资产期初余额和期末余额的算数平均数。

（2）流动资产周转天数则表明流动资产周转一次所需时间的长短。其计算公式为：

流动资产周转天数 =360（计算期天数或报告期天数）÷ 流动资产周转次数

流动资产周转次数和周转天数都是用来解释流动资产周转速度的指标，流动资产周转次数越多，表明一定量的流动资产完成的周转额越多，流动资产利用效果越好；流动资产周转天数越少，则表明流动资产周转一次所需时间越短，流动资产在一定时期内可发挥更大的效能。提高流动资产周转次数或降低流动资产周转天数，都意味着流动资产周转速度的加快。

【例 5-10】根据附表一资产负债表和附表二利润表中的数据，计算首创公司 2018 年的流动资产周转次数和流动资产周转天数。

流动资产周转次数 = 营业收入 ÷ 流动资产平均余额

=9 285 468 447.99÷11 325 941 471.49

≈0.82（次）

流动资产周转天数 =360÷ 流动资产周转次数

=360÷0.82

≈439.02（天）

通过上述计算结果可以看出，首创公司 2018 年在经历生产和销售各阶段占用时间为 439.02 天，生产经营各个环节的改善，都会缩短公司流动资产的周转天数，可以比较不同时期的天数，直观地反映生产经营状况的改善。

5.2.3 固定资产营运能力分析

固定资产周转率是衡量企业固定资产利用状况和利用效果的财务指标。企业固定资产周转状况分析是通过评价固定资产周转率指标进行的。固定资产周转率指标包括周转次数和周转天数。

1. 固定资产周转次数

固定资产周转次数的计算公式为：

固定资产周转次数 = 营业收入 ÷ 固定资产平均净值

固定资产平均净值 =（当期年初固定资产净值 + 当期年末固定资产净值）÷2

式中，固定资产平均净值是指资产负债表中固定资产期初余额和期末余额的算数平均数。

固定资产周转率的高低取决于企业产品销售能力和固定资产投资的合理性。这里主要分析固定资产利用效率。首先，分析企业固定资产投资规模是否能满足产品销售市场要求，投资过多会造成资产闲置、浪费，投资过少又会使企业失去扩大销售的机会，同时，固定资产投资也要考虑与流动资产投资相配套；其次，分析固定资产投资结构是否合理，合理安排生产和非生产用固定资产比例，是否存在“重福利、轻生产”的现象；最后，分析现有固定资产利用效率能否达到管理要求，企业能否及时处理闲置的固定资产，以挪出资金用作其他投资，增强资金的营运能力。

2. 固定资产周转天数

固定资产周转天数的计算公式为：

$$固定资产周转天数 = \frac{固定资产平均净值 \times 360}{计算期营业收入}$$

【例 5-11】根据附表一资产负债表和附表二利润表中的数据，计算首创公司 2018 年的固定资产周转次数和固定资产周转天数。

固定资产周转次数 = 营业收入 ÷ 固定资产平均净值

=9 285 468 447.99÷4 851 003 257.83

≈1.91（次）

固定资产周转天数 = 固定资产平均净值 ×360÷ 计算期营业收入

=4 851 003 257.83×360÷9 285 468 447.99

≈188.07（天）

首创公司 2018 年周转天数需要跟同行业企业进行对比，如果周转天数高于同行业企业，就说明公司对固定资产的利用率较低，可能影响公司的获利能力。

5.2.4 总资产营运能力分析

分析和评价企业总资产周转状况是通过总资产周转率指标进行的。

1. 总资产周转次数

总资产周转次数是指企业一定时期营业收入同总资产平均余额的比率，是综合评价企业全部资产经营质量和利用效率的重要指标。其计算公式为：

总资产周转次数 = 营业收入 ÷ 总资产平均余额

式中，总资产平均余额是指资产负债表中资产合计期初余额和期末余额的算数平均数。

总资产周转次数作为考查企业资产运营效率的一项重要指标，体现了企业经营期内全部资产从投入到产出周而复始的流转速度，反映了企业管理者调控和综合利用企业资源的能力，一般情况下，该指标数值越高，总资产周转速度越快，企业销售能力越强，资产利用效果越好。

2. 总资产周转天数

总资产周转天数的计算公式为：

$$总资产周转天数=\frac{总资产平均余额\times 360}{计算期营业收入}$$

【例 5-12】根据附表一资产负债表和附表二利润表中的数据，计算首创公司 2018 年的总资产周转次数和总资产周转天数。

总资产周转次数 = 营业收入 ÷ 总资产平均余额

=9 285 467 447.99÷45 314 711 186.42

≈0.2（次）

总资产周转天数 = 总资产平均余额 ×360÷ 计算期营业收入

=45 314 711 186.42×360÷9 285 468 447.99

≈1 756.86（天）

首创公司的总资产周转次数仅为 0.2，周转天数接近 1757 天，单从数值来看，这说明企业的总资产周转率较低。但是，因为行业差别很大，总资产周转率的高低并无特定标准。从首创公司的情况来看，资产占用水平较高，企业应当采取措施提高各项资产的利用程度。

总之，各项资产的周转率指标用于衡量各项资产的营收能力，和企业盈利能力指标结合起来，可以全面评价企业的盈利能力。

5.2.5 营运能力的横向分析及趋势分析

1. 营运能力的横向分析

从表 5-3 中的数据可以看出，首创公司的应收账款周转次数远高于行业平均水平，这说明首创公司的信用政策控制较紧。同时，存货周转次数也远高于行业平均水平，说明首创公司的信用政策并不影响其存货的销售，其产品的市场竞争力较强。但是流动资产周转次数和总资产周转次数则略低于行业水平，说明其资产利用效果还有待进一步增强，营运能力存在较大的提升空间。

表 5-3 营运能力的横向分析

项 目	平 均 值	实 际 值
应收账款周转次数 / 次	1.2	4.28
应收账款周转天数 / 天	无	84.11
存货周转次数 / 次	2.5	6.91
存货周转天数 / 天	无	52.1
流动资产周转次数 / 次	1	0.82
流动资产周转天数 / 天	无	439.02
总资产周转次数 / 次	0.4	0.2
总资产周转天数 / 天	无	1 756.86

注：表中数据来源于《企业绩效标准值》。

2. 营运能力的趋势分析

从表 5-4 中可以看出，首创公司近 5 年的各项营运指标基本平稳，表明公司近 5 年经营水平较为稳定。其中，应收账款周转次数近 5 年有轻微波动并呈现下降的趋势，公司应该加强应收账款的管理，提高各类资产的利用效率。流动资产周转次数近 5 年呈上升趋势，评价首创公司流动周转次数是否合理，还应当结合企业以前年度的数值和行业平均值进行分析评价。总资产周转次数近 5 年呈下降趋势，说明首创公司总资产周转速度下降。

表 5-4 营运能力的趋势分析

项 目	2014 年	2015 年	2016 年	2017 年	2018 年
应收账款周转次数 / 次	3.36	5.08	6.43	4.62	4.28
应收账款周转天数 / 天	107.14	70.87	55.99	77.92	84.11
存货周转次数 / 次	0.79	1.29	1.29	2.08	6.91
存货周转天数 / 天	455.7	279.07	279.07	173.08	52.1
流动资产周转次数 / 次	0.44	0.53	0.56	0.58	0.82
流动资产周转天数 / 天	818.18	679.25	642.86	620.69	439.02
总资产周转次数 / 次	0.18	0.23	0.23	0.21	0.2
总资产周转天数 / 天	1 969.13	1 594.13	1 562.55	1 723.56	1 756.86

营运能力的趋势分析图如图 5-2 所示。

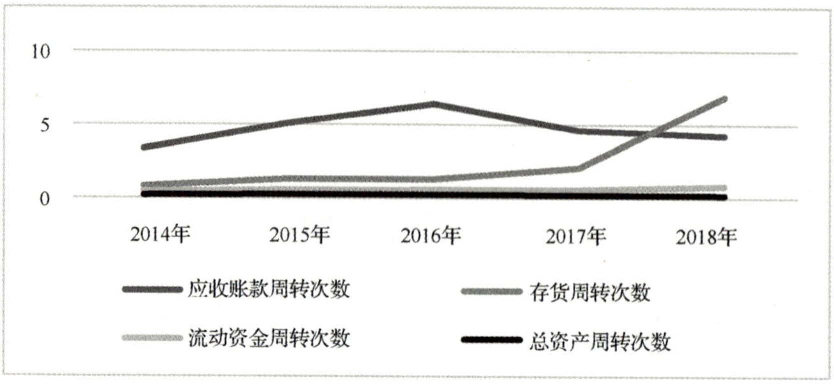

图 5-2　营运能力的趋势分析图

6 获现能力分析

CFO 导语

企业经营的过程就是一个现金流转的过程，现金流是企业的生命线，现金流一旦中断，绝大多数企业就会瞬间陷入困境。

本项目架构

- 获现能力概述
    - 获现能力分析

6.1 获现能力概述

cfo 要求你知道

从现金流的角度评价企业的获现能力，可以揭示更多的现金流量信息，并从多个角度对企业的财务状况和经营业绩进行评价。

关键术语

获现能力（Profitability ratios）

6.1.1 获现能力的含义

获现能力是企业利用各项资产获取现金的能力。它是指经营现金净流入与投入资源的比值，反映企业收入或投入资源创造现金的能力。

6.1.2 获现能力分析的意义

获现能力分析是对资产负债表、利润表营运能力分析的补充，是从收付实现制的角度分析企业的营运能力和获利能力。

获现能力分析的意义主要表现在以下几个方面：

（1）有助于评价企业创造现金的能力；

（2）有助于评价企业的偿债能力和支付能力；

（3）有助于防止可能发生的财务风险；

（4）有助于评价企业的收益质量。

6.2 获现能力分析

cfo 要求你知道

获现能力指标弥补了根据损益表分析公司获利能力指标的不足，具有鲜明的客观性。

关键术语

销售收入（Sales revenue）
资产总额（Total assets）

获取现金的能力可以通过经营活动现金净流量与投入资源之比来反映，投入的资源可以是销售收入、资产总额等，分析获现能力的指标有销售现金比率、净利润现金保证比率、每股经营现金净流量、总资产现金回收率等指标。

6.2.1 获现能力指标分析

1. 销售现金比率

销售现金比率是指销售商品、提供劳务收到现金与主营业务收入的比值，它反映企业通过销售产品获取现金的能力，用于衡量当期主营业务收入的资金收现情况。

其计算公式如下：

$$销售现金比率=\frac{销售商品、提供劳务收到的现金}{主营业务收入}\times 100\%$$

式中，销售商品、提供劳务收到的现金是指现金流量表中“销售商品、提供劳务收到的现金”项目，主营业务收入是指利润表中的“营业收入”除去其他业务收入的部分。

该比率反映每 1 元营业收入得到的现金流量净额，其比值越高越好。比值越高，说明企业收入质量越好，资金利用效果越好。该指标既可反映公司生产的商品在市场上的畅销程度，又从另一个侧面体现了公司管理层的经营能力。

如果销售现金比率等于 1，说明企业本期销售商品、提供劳务收到的现金与主营业务收入一致，没有形成挂账，周期良好；如果该指标大于 1，说明企业信用政策合理，产品销售形势较好，收益质量较高，同时说明企业营业收入实现后能增加的资产转换现金速度快、质量高，即本期收到的销售现金大于本期主营业务收入，不仅当期销售全部变现，部分应收款项也被收回，这种状况与应收账款下降有关。如果该指标小于 1，即本期销售收到的现金小于当期的主营业务收入，说明企业赊销的收入高，实际收到的现金少，挂账较多，企业主营业务收入没有创造相应的现金流入，此时更应该关注企业债权资产的质量和信用政策的调整。如果该指标持续走低，则说明企业营业形势不佳，或可能存在不正常的销售或舞弊现象，或信用政策不合理，预示可能存在着大量的坏账损失，利润质量的稳定性会受到不利影响。

【例 6-1】根据附表三现金流量表及附表五营业收入情况表中的数据，计算首创公司 2018 年的销售现金比率。

销售现金比率 = 销售商品、提供劳务收到的现金 ÷ 主营业务收入 ×100%

=8 229 117 172.1÷9 213 878 111.68×100%

≈89.31%

通过上述计算结果可以看出，首创公司 2018 年销售收到的现金占当期主营业务收入的 89.31%，说明公司实际收到的现金较多，应收账款较少，公司主营业务收入能够创造较高的现金流入。

2. 净利润现金保证比率

净利润现金保证比率是指企业一定时期经营活动现金净流量与净利润之间的比值。该指标是评价净收益质量的重要比率，反映以现金流量为基础的资产报酬率。其计算公式为：

$$净利润现金保证比率=\frac{经营活动现金净流量}{净利润}\times 100\%$$

式中，经营活动现金净流量是指现金流量表中的“经营活动产生的现金流量净额”项目。

该比率表明，企业在一定时期内实现的净利润中有多少可以用于现金保证，可以说明净利润的质量情况。比率越大，说明净利润的质量越好，表明净利润中已经收到现金的程度越高。但该指标越高，也可能是企业净利润过低造成的。由于资本支出等项目对净利润与现金流量的影响不同，该指标等于或大于 1 为宜。该比率较高，说明净利润和现金流量净额的相关性越强。利润的收现能力强，表明企业有足够的现金保证经营周转的顺畅进行。企业的持续经营能力和获利的稳定性越强，利润质量越高。

如果企业的净利润现金保证比率为 0 或负值，说明其利润不是来自经营活动，而是来自其他渠道，表明企业通过自身创造现金流量的能力较差，经营活动存在风险。若比率过小就有虚盈实亏的可能，说明企业在获取利润的过程中经营活动的现金流入不足，甚至存在操纵账面利润的可能，在分析该比率时还应结合企业的会计政策、会计估计和会计差错变更的影响以及应收账款及存货的变现能力等项目进行进一步的分析。

【例 6-2】根据附表二利润表及附表三现金流量表中的数据，计算首创公司 2018 年的净利润现金保证比率。

净利润现金保证比率 = 经营活动现金净流量 ÷ 净利润 ×100%

=2 489 257 933.08÷702 146 742.6÷100%

≈354.52%

通过上述计算结果可以看出，首创公司每实现 100 元利润，就有 354.52 元的现金净收入来源于公司日常的经营，这部分可以支配的净收入占整个净利润的比率较高。

3. 每股经营现金净流量

每股经营现金净流量是指企业经营活动现金净利润与发行在外的普通股数量的比值，反映企业每股资本金获取现金净流量的能力。其值越大，表明所有者投资的回报能力越强。其计算公式为：

$$每股经营现金净流量=\frac{经营活动现金净流量-优先股股利}{发行在外的普通股股数}$$

由于每股经营现金净流量反映每股普通股能创造现金净流量的能力，因此，对于以获取现金股利为主要投资目标的集资者来说，显得尤为重要。该比率越大，表明企业进行资本支出和支付股利的能力越强，而且该指标反映企业最大的分派现金股利的能力，公司分派的现金股利若超过该指标比值，说明需要借款分红，此时公司面临财务危机。

每股经营现金净流量还反映了企业与企业之间通过实际经营活动，运用企业资源创造现金的能力。这种经营活动和筹资活动、集资活动不同，它具有可持续的特色，即在其他情形不变的条件下，经营活动的持续能带来稳定的创现能力。通常情况下该指标越大越好，当然在具体分析时还要考虑企业所处的发展阶段。

【例 6-3】首创公司 2018 年度发行在外的普通股股数为 88 800 万股，没有发生优先股股利。经营活动现金净流量是 2 489 257 933.08 元，则每股经营现金净流量的计算结果如下：

每股经营现金净流量 =（经营活动现金净流量 − 优先股股利）÷ 发行在外的普通股股数

=（2 489 257 933.08−0）÷888 000 000

≈2.8（元）

通过上述计算结果可以看出，首创公司每股经营现金净流量 2.8 元，说明企业进行资本支出和支付股利能力较强，企业经营活动现金流量对每股普通股的贡献较大。

4. 总资产现金回收率

总资产现金回收率指经营活动现金净流量与总资产平均余额的比值，反映企业运用全部资产获取现金的能力。该指标计算公式为：

$$总资产现金回收率=\frac{经营活动现金净流量}{总资产平均余额}\times 100\%$$

【例 6-4】根据附表一资产负债表和附表三现金流量表中的数据，计算首创公司 2018 年的总资产现金回收率。

总资产现金回收率 = 经营活动现金净流量 ÷ 总资产平均余额 ×100%

=2 489 257 933.08÷45 314 711 186.42×100%

≈5.49%

通过上述计算结果可以看出，2018 年首创公司每 100 元的资产中，能最终带来的“纯粹”现金有 5.49 元。这说明首创公司的盈利能力非常强。

一般来说，该指标说明公司全部资产产生现金的能力，该指标比值越大越好。该指标值越大，表明企业资产的利用效率越高，利用资产创造的现金流入越多，整个企业资产获取现金的能力越强。同时，它也是衡量企业资产综合水平的主要指标。企业在对总资产现金回收率指标进行分析时，应与同行业平均水平相对比，评价每元资产获取现金的能力，还要与本企业历史水平相比，分析获取现金能力的变化趋势，通过与同行业平均水平或本企业历史同期水平进行比较，可评价上市公司获取现金能力的强弱和公司可持续发展的潜力。这样可以促进企业采取措施加快销售回收的力度，提高资产的利用效率。

6.2.2 获现能力的横向分析及趋势分析

1. 获现能力的横向分析

获现能力的横向分析如表 6-1 所示。首创公司总资产现金回收率高达 5.49%，远远超出行业平均值 0.9%。意味着首创公司将全部资产用经营活动进行现金回收，需要的期间比同行业短很多。这说明首创公司利用资产创造的现金流入远高于行业平均水平。

表 6-1 获现能力的横向分析

项　　目	平 均 值	实 际 值
销售现金比率	无	89.31%
净利润现金保证比率	无	354.52%
每股经营现金净流量	无	2.8
总资产现金回收率	0.9%	5.49%

注：表中数据来源于《企业绩效评价标准值》。

2. 获现能力的趋势分析

获现能力的趋势分析如表 6-2 所示。从 5 年来的趋势数据来看，首创公司的获现能力指标较为平稳，2017 年出现大幅上升，2018 年有小幅回落。每股经营现金净流量的 5 年趋势表明首创公司的股利支付能力较强且稳定。总资产现金回收率也长年高于行业平均水平，公司的“造血”能力很强。

表 6-2 获现能力的趋势分析

项　　目	2014 年	2015 年	2016 年	2017 年	2018 年
销售现金比率	93.68%	67.29%	89.09%	117.68%	89.31%
净利润现金保证比率	12.60%	49.69%	143.53%	457.80%	354.52%
每股经营现金净流量	1.42	1.34	1.45	3.26	2.8
总资产现金回收率	0.46%	1.38%	3.28%	7.81%	5.49%

获现能力的趋势分析图如图 6-1 所示。

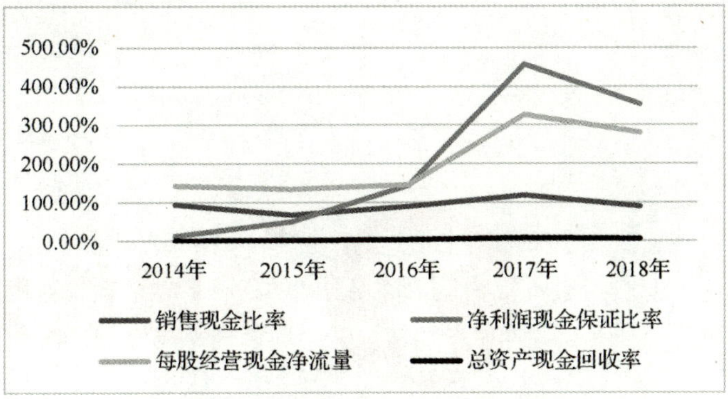

图 6-1　获现能力的趋势分析图

7 发展能力分析

CFO 导语

企业并不必追求增长最大化，适度、稳定、持续、长期的增长是最合适的。

本项目架构

- 发展能力分析概述
  - 发展能力分析

7.1 发展能力分析概述

cfo 要求你知道

虽然精确判断企业的成长几乎是“不可能的任务”，但如何判断其发展能力仍然是有迹可循的。

关键术语

发展能力（Development capability）

7.1.1 企业发展能力的含义

企业的发展能力，又称为企业的成长性，是指企业通过自身生产经营活动，不断积累而形成的发展潜能。企业发展能力取决于多种因素，包括外部经营环境、企业内在素质及资源条件等。

7.1.2 影响企业发展能力的因素

影响企业发展能力的因素包括政策环境、核心业务、企业制度、人力资源、行业环境、财务状况等方面。在这些因素中，财务状况是过去的政策和行为产生的结果，而其他因素则是影响企业未来财务状况的动因，这些因素的所有改善都应最终表现为财务状况的改善。财务状况指标可以反映企业在政策环境、核心业务、经营能力、企业制度、人力资源、企业环境等方面的提高，反映市场份额的扩大、收入的增加、 经营成本的降低。

在财务报告分析中，主要通过对企业的财务数据进行比较分析、比率分析、趋势分析和因素分析，对其发展能力进行分析和判断。

7.2 发展能力分析

cfo 要求你知道

收入利润的增减变动是反映企业发展能力强弱的重要信号，资本的增加也表明企业实力的增强。

关键术语

资本积累率（Rate of capital accumulation）

分析企业发展能力时，一方面可以分析企业的保值增值情况，另一方面可以分析企业主要财务指标的增长情况。

7.2.1 企业保值增值分析

进行财务分析时，可以通过计算资本保值增值率和资本积累率分析企业的保值增值情况。

1. 资本保值增值率

资本保值增值率，是企业本年末所有者权益总额与年初所有者权益总额的比率，反映企业当年资本在企业自身努力下实际增减变动的情况。其计算公式为：

$$\text{资本保值增值率}=\frac{\text{扣除客观因素后的本年末所有者权益总额}}{\text{年初所有者权益总额}}\times 100\%$$

式中，本年末所有者权益总额和年初所有者权益总额是指资产负债表中所有者权益合计的期末余额和期初余额，也可从所有者权益变动表中取得。

一般认为，资本保值增值率越高，则企业的资本保全状况越好，所有者权益增长越快，债权人的债务越有保障。该指标通常应当大于100%。资本保值增值率若为100%，则说明企业不盈不亏，保本经营，资本保值；若大于100%，则说明企业有经济效益，资本在原有基础上实现了增值。

【例7-1】根据附表四所有者权益变动表中的数据，计算首创公司2018年的资本保值增值率。

$$资本保值增值率=\frac{扣除客观因素后的本年末所有者权益总额}{年初所有者权益总额}\times 100\%$$

$$=17\ 134\ 162\ 732.48\div 13\ 614\ 748\ 236.79\times 100\%$$

$$\approx 125.85\%$$

通过上面计算结果可以看出，首创公司资本保值增值率高于100%，表明企业的资本保全状况良好，所有者权益增长快，债权人的债务有保障。

在理解资本保值增值率时，应注意以下两点。

（1）真正意义的资本保值增值与本期筹资和其他事项无关，与本期利润分配也无关，而是取决于当期实现的净利润。

（2）资本保值是增值的基础，保值的含义在物价上涨形势下应是实际价值的保全，而非名义价值的保全。

2. 资本积累率

资本积累率是指企业本年所有者权益增长额同年初所有者权益的比率。该指标反映企业所有者权益在当年的变动水平，体现了企业资本的积累情况，是评价企业发展潜力的重要指标。其计算公式为：

$$资本积累率=\frac{本年所有者权益增长额}{年初所有者权益总额}\times 100\%$$

式中，本年所有者权益增长额是指企业本年所有者权益与上年所有者权益的差额，计算公式为：

本年所有者权益增长额 = 所有者权益年末数 − 所有者权益年初数

本年所有者权益增长额也可从所有者权益变动表中取得。

年初所有者权益总额可以从资产负债表或所有者权益变动表中取得。

资本积累率反映了投资者投入企业资本的保全性和增长性，该指标越高，表明企业资本积累越多，企业资本保全性越强，应付风险、持续发展的能力越大；该指标如为负值，表明企业资本受到侵蚀，所有者利益受到损害，应予充分重视。

【例7-2】根据附表四所有者权益变动表中的数据，计算首创公司2018年的资本积累率。

$$资本积累率=本年所有者权益增长额\div 年初所有者权益总额\times 100\%$$

$$=3\ 519\ 414\ 495.69\div 13\ 614\ 748\ 236.79\times 100\%$$

$$\approx 25.85\%$$

资本积累率表示企业当年资本的积累能力，是评价企业发展潜力的重要指标。通过上述计算结果可以看出，首创公司的资本积累率小于100%，说明首创公司资本积累率较差，持续发展能力较弱。

7.2.2 其他指标增长状况分析

1. 营业收入增长率

营业收入增长率，是企业本年营业收入增长额与上年营业收入总额的比率，反映企业营业收入的增减变动情况。其计算公式为：

$$营业收入增长率=\frac{本年营业收入增长额}{上年营业收入}\times 100\%$$

式中，本年营业收入增长额 = 本年营业收入总额 - 上年营业收入总额，营业收入资料可以从利润表中“营业收入”项目取得。

由营业收入增长率的计算公式可以看出，该指标反映的是相对化的营业收入增长情况，与计算绝对量的企业营业收入增长额相比，消除了企业营业规模对该项目的影响，更能反映企业的发展情况。当然在分析过程中，也可以计算企业营业收入增长额作为分析的辅助指标。

利用营业收入增长率指标进行企业发展能力分析时需要注意以下几点。

（1）营业收入增长率是衡量企业经营状况和市场占有能力、预测企业经营业务扩展趋势的重要指标，也是企业增长增量和存量资本的重要前提。不断增加的营业收入，是企业生存的基础和发展的条件。

（2）若该指标大于 0，则表示企业本年的营业收入有所增长，指标值越高，表明增长速度越快，企业市场前景越好；若该指标小于 0，则说明企业或产品适销不对路、质次价高，或在售后服务等方面存在问题，产品销售不出去，市场份额萎缩。

（3）营业收入增长率作为相对量指标，也存在受增长基数影响的问题。

【例 7-3】根据附表二利润表中的数据，首创公司 2017—2018 年营业收入的比较分析如表 7-1 所示。

表 7-1　首创公司 2017—2018 年营业收入比较分析

项　目	2017 年	2018 年	增　长　额	增　长　率
营业收入 / 元	7 912 040 561.96	9 285 468 447.99	1 373 427 886.03	17.36%

通过表 7-1 可以看出，首创公司 2018 年营业收入比 2017 年增长 17.36%，从增长率来看，公司保持着良好的运营状态。此外，应该结合企业 3 ～ 5 年的增长率水平和行业同期平均数据进行比较分析，才能针对首创公司的营业收入情况得出更为全面的结论。

2. 总资产增长率

总资产增长率，是企业本年总资产增长额同年初资产总额的比率，反映企业本期资产规模的增长情况。其计算公式为：

$$总资产增长率=本年总资产增长额\div 年初资产总额\times 100\%$$

式中，本年总资产增长额 = 年末资产总额 - 年初资产总额，资产总额数据可以从资产负债表中取得。

总资产增长率越高，表明企业一定时期内资产经营规模扩张的速度越快。但在分析时，需要关注资产规模扩张的质和量的关系，以及企业的后续发展能力，避免盲目扩张。

【例 7-4】根据附表一资产负债表中的数据，计算首创公司 2018 年的总资产增长率。

总资产增长率 = 本年总资产增长额 ÷ 年初资产总额 ×100%

=（50 994 308 397.69-39 635 113 975.14）÷39 635 113 975.14×100%

=11 539 194 422.55÷39 635 113 975.14×100%

≈28.66%

通过上述计算结果可以看出，首创公司 2018 年的资产规模以 28.66% 的比率增长。对总资产增长率进行企业之间的比较，要特别注意各企业之间的可比性。一方面，不同的企业资产使用效率不同，为了实现净收益的同幅度增长，资产使用效率低的企业需要更大幅度的资产增长；另一方面，不同企业所采取的不同的发展策略也会体现到资产增长率上来，采取外向规模增长型发展策略的企业资产增长率较高，而采取内部优化型发展策略的企业资产增长率会呈现较低的水平。

3. 营业利润增长率

营业利润增长率，是企业本年营业利润增长额与上年营业利润总额的比率，反映企业营业利润的增减变动情况。其计算公式为：

$$营业利润增长率=\frac{本年营业利润增长额}{上年营业利润}\times 100\%$$

式中，本年营业利润增长额 = 本年营业利润总额 - 上年营业利润总额，营业利润数据可以从利润表中取得。

【例 7-5】根据附表二利润表中的数据，计算首创公司 2018 年的营业利润增长率。

营业利润增长率 = 本年营业利润增长额 ÷ 上年营业利润 ×100%

=（1 009 175 076.43-673 244 196.61）÷673 244 196.61×100%

=335 930 879.82÷673 244 196.61×100%

≈49.9%

通过上述计算结果可以看出，首创公司 2018 年的营业利润与 2017 年相比，以 49.9% 的比率增长，说明公司经营状况较好。

4. 三年营业收入平均增长率

由于营业收入增长率只考虑当年情况，可能受到短期销售波动的影响，具有一定的偶然性，为了反映企业营业收入增长率的趋势，可以计算三年营业收入平均增长率指标，消除营业收入短期异常波动对该指标产生的影响，反映企业较长时期营业收入的增长情况。

三年营业收入平均增长率表明的是企业营业收入连续三年增长的情况，体现企业的发展潜力。其计算公式为：

$$三年营业收入平均增长率=\left(\sqrt[3]{\frac{年末营业收入}{三年前年末营业收入}}-1\right)\times 100\%$$

式中，营业收入数据可以从利润表中“营业收入”项目取得。

由于当年利润表只提供本年营业收入和上年营业收入两期比较数据，计算该指标需要取得上年利润表，从而获取全部三年数据资料。

三年营业收入增长率指标能够反映企业的营业收入增长趋势和稳定程度，较好地体现企业的发展状况和发展能力，避免因少数年份营业收入不正常增长而对企业发展潜力的错误判断。

【例 7-6】根据附表二利润表中的数据，计算首创公司近三年营业收入平均增长率。

$$三年营业收入平均增长率=\left(\sqrt[3]{\frac{年末营业收入}{三年前年末营业收入}}-1\right)\times100\%$$

$$=\left(\sqrt[3]{\frac{9\,285\,468\,447.99}{5\,589\,383\,248.03}}-1\right)\times100\%$$

$$\approx18.4\%$$

通过上述计算结果可以看出，首创公司的营业收入，近三年每年以 18.4% 的速度增长，反映了公司持续发展的态势和市场扩张能力。

5. 资本三年平均增长率

资本三年平均增长率是表示企业资本连续三年的积累情况，相对于资本增长率指标消除了偶然因素对资本短期波动的影响，体现了企业的发展水平和发展趋势。其计算公式为：

$$资本三年平均增长率=\left(\sqrt[3]{\frac{年末所有者权益总额}{三年前年末所有者权益总额}}-1\right)\times100\%$$

式中，年末所有者权益总额是指所有者权益年末数，可以从资产负债表或所有者权益变动表中取得。由于当年资产负债表只提供本年年初和年末数据，计算该指标时需要取得上年资产负债表，从而获取全部三年数据资料。

该指标越高，表明企业所有者权益得到的保障程度越大，企业可以长期使用的资金越充裕，抵抗风险和保持连续发展的能力越强。

【例 7-7】根据附表一资产负债表中的数据，计算首创公司资本近三年的平均增长率。

$$资本三年平均增长率=\left(\sqrt[3]{\frac{年末所有者权益总额}{三年前年末所有者权益总额}}-1\right)\times100\%$$

$$=\left(\sqrt[3]{\frac{17\,134\,162\,732.48}{7\,801\,251\,419.4}}-1\right)\times100\%$$

$$\approx30.06\%$$

通过上述计算结果可以看出，首创公司资本近三年平均每年以 30.06% 的速度增长，保持了较高的资本积累速度，反映了公司较稳定的发展态势。

8 财务报表附注信息分析

CFO 导语

财务分析应以报表为主，附注为辅。看附注要先看报表，对报表有疑问，再去附注中查找更多的信息。

本项目架构

- 财务报表附注信息概述
    - 附注信息的分析和利用

8.1 财务报表附注信息概述

cfo 要求你知道

财务报表具有一定的固定性和规定性，无法反映非货币化或非量化的信息，而这些信息都是报表使用者需要了解的。

关键术语

附注（Footnote）

财务分析的基础资料是财务报表，一套完整的财务报表至少应当包括“四表一注”，即资产负债表、利润表、现金流量表、所有者权益（或股东权益，下同）变动表以及附注，附注是财务报表不可缺少的组成部分。

8.1.1 财务报表附注概念

财务报表附注是对资产负债表、利润表、现金流量表和所有者权益变动表等报表中列示项目的文字描述或明细资料，以及对未能在这些报表中列示项目的说明。

财务报表中的数字是经过分类与汇总的结果，是对企业发生的经济业务的高度简化和浓缩的数字，如有没有形成这些数字所使用的会计政策，理解这些数字所必需的披露，财务报表就不可能充分发挥效用。因此，附注与资产负债表、利润表、现金流量表、所有者权益变动表等报表具有同等的重要性，是财务报表的重要组成部分。报表使用者了解企业的财务状况、经营成果和现金流量，应当全面阅读附注。

8.1.2 财务报表附注的基本内容

财务报表附注作为会计报表的重要组成部分，是对报表本身无法或难以充分表达的内容和项目所做的补充说明和具体解释。财务报表附注内容提要如表 8-1 所示。

表 8-1 财务报表附注内容提要

项　目	项目具体填列内容
一、企业基本情况	企业应当披露历史沿革、注册资本、法定代表人、治理结构与组织结构、所处行业、经营范围、主要业务板块情况等
二、不符合会计核算前提的说明	
三、主要会计政策、会计估计的说明	企业应按照要求对如下会计政策、会计估计进行披露： 1. 公司目前执行的会计准则和会计制度。纳入合并范围内的子公司与母公司执行的会计准则和会计制度不一致的，应披露子公司执行的会计准则和会计制度，并说明是否已按相关规定进行了调整 2. 会计年度。企业设立不足一个会计年度的，应说明其会计报表实际编制期间；子公司采用的会计年度如与我国会计制度规定不符，需要说明是否进行调整 3. 记账本位币。如果子公司的记账本位币与母公司不一致，需要详细说明 4. 记账基础和计价原则 5. 外币业务的核算方法及折算方法。说明外币业务的折算、汇兑损益的处理方法，以及外币报表折算差额的处理方法 6. 现金及现金等价物的确定标准 7. 交易性金融资产。说明交易性金融资产计价及其收益确认方法，交易性金融资产跌价准备的确认标准、计提方法 8. 应收款项。说明应收款项确认为坏账的标准，坏账损失的核算方法，坏账准备的计提方法和计提比例，以及应收款项转让、质押、贴现等会计处理方法 9. 存货。说明存货的分类，取得和发出的计价方法，存货的盘存制度以及周转材料的摊销方法，存货跌价准备的确认标准、可变现净值的确定依据、减值准备计提方法 10. 长期投资。说明长期股权投资计价及收益确认方法，长期股权投资的核算方法，股权投资差额的摊销方法和期限；长期债权投资计价及收益确认方法，债券投资溢价或折价的摊销方法；长期投资减值准备的确认标准、计提方法 11. 委托贷款。说明委托贷款计价、利息确认方法，委托贷款减值准备的确认标准、计提方法，以及委托贷款的保全措施 12. 固定资产。说明固定资产的标准、分类、计价方法和折旧方法，固定资产后续支出的会计处理方法，固定资产减值准备的确认标准、计提方法 13. 在建工程。说明在建工程结转为固定资产的标准，在建工程减值准备的确认标准、计提方法 14. 无形资产。说明无形资产的计价方法、摊销方法、摊销年限，无形资产减值准备的确认标准、计提方法 15. 长期待摊费用。说明长期待摊费用的内容、摊销方法、摊销年限 16. 应付债券。说明应付债券的计价及债券溢价或折价的摊销方法 17. 借款费用。说明借款费用资本化与费用化的原则，资本化金额的确定方法 18. 预计负债。说明预计负债确认标准和计量方法 19. 递延收益。说明递延收益的内容和摊销方法 20. 收入确认原则。说明各类收入的确认原则 21. 建造合同。说明建造合同收入、支出的确认原则和会计处理方法 22. 租赁。说明租赁的分类、经营租赁会计处理方法和融资租赁的会计处理方法 23. 所得税的会计处理方法。说明所得税的会计处理方法，所得税汇算清缴的方式，合并纳税情况
四、会计政策、会计估计变更及会计差错更正的说明	1. 会计政策、会计估计变更。应披露会计政策、会计估计变更的批准程序，变更的内容、理由和对企业的财务状况、经营成果的影响金额，以及累积影响金额不能合理确定的理由。其中对减值准备、固定资产折旧等重要会计政策和会计估计的变更情况应详细披露 2. 会计差错更正。应逐笔披露重大会计差错更正的内容、金额，以及形成差错的原因

（续表）

项　目	项目具体填列内容
五、或有事项的说明	凡涉及或有事项应按或有事项准则规定披露，并符合以下要求： 1. 按集团内、集团外分项列示担保项目 2. 说明本年度涉及起诉案件情况 3. 或有负债预计产生的财务影响，如无法估计，应说明理由 4. 或有负债获得补偿的可能性
六、资产负债表日后事项的说明	应说明资产负债表日后股票和债券的发行、对某个企业的巨额投资、自然灾害导致的资产损失以及外汇汇率发生较大变动等非调整事项的内容，估计对财务状况、经营成果的影响；如无法做出估计，应说明其原因
七、关联方关系及其交易	1. 在存在控制关系的情况下，关联方如为企业时，不论它们之间有无交易，都应说明如下事项： （1）企业经济性质或类型、名称、法定代表人、注册地、注册资本及其变化 （2）企业的主营业务 （3）所持股份或权益及其变化 2. 在企业与关联方发生交易的情况下，企业应说明关联方关系的性质、交易类型及其交易要素，这些要素一般包括： （1）交易的金额或相应比例 （2）未结算项目的金额或相应比例 （3）定价政策(包括没有金额或只有象征性金额的交易) 3. 关联方交易应分别对关联方以及交易类型予以说明，类型相同的关联方交易，在不影响会计报表使用者正确理解的情况下可以合并说明 4. 对于关联方交易价格的确定，如果高于或低于一般交易价格的，应说明其价格的公允性
八、重要资产转让及其出售的说明	报告期内发生资产置换、转让及出售行为的企业，应专项披露资产置换的详细情况，包括资产账面价值、转让金额、转让原因以及对企业财务状况、经营成果的影响等
九、企业合并、分立等重组事项说明	应披露本年度企业新设、收购、兼并、破产、转让等重大资产重组事项
十、合并会计报表的编制方法	
十一、会计报表项目注释	包括货币资金、交易性金融资产、应收票据、应收账款、预付账款、存货、长期投资、固定资产、在建工程、无形资产、其他长期资产、短期借款、应付款项、应缴税费、预计负债、长期借款、应付债券、未确认投资损失、主营业务收入与成本、其他业务利润、财务费用、投资收益、补贴收入、营业外收支等30多个项目，均逐一规定了其数据填列格式和内容，要求针对所有具体的报表项目的期初、期末、比例等做出注释
十二、母公司主要会计报表项目注释	对已编制合并会计报表的企业，在会计报表附注中，除对合并报表项目进行注释外，还应当对母公司报表的主要项目进行注释，按照以下要求披露： 1. 母公司报表主要项目包括长期投资、主营业务收入和主营业务成本、投资收益、所得税等项目，应参照上述相应项目的要求加以注释 2. 母公司从子公司分取的红利情况 3. 子公司向母公司上缴管理费的情况 4. 母公司向子公司的补贴情况
十三、非货币性交易和债务重组的说明	非货币性交易、债务重组应按非货币性交易及债务重组准则规定披露
十四、会计报表的批准	说明年度会计报表经公司董事会（总经理办公室）或类似机构批准的情况

从表8-1可以看出，附注大体包含五部分内容，分别为：

（1）公司的基本情况。

（2）公司所采用的主要会计处理方法、会计处理方法的变更情况、变更原因以及对财务状况和经营成果的影响。

（3）控股子公司及合营企业的基本情况。

（4）会计报表项目注释（具体包括表 8-1 第十一部分内容），该部分内容非常详细、具体，完全称得上是公司财务的“大百科全书”，通过对财务报表所有项目的期初数据、期末数据、本期发生额的列示，以及与之相关的比率列示，我们能全面地了解企业所有财务信息。

（5）其他事项的说明。

8.1.3 财务报表附注的形式

财务报表附注的形式灵活多样，常见的有以下四种。

1. 括弧说明

此形式常用于为财务报表主体内容提供补充信息，因为它把对应的补充信息直接纳入财务报表主体，所以比起其他形式来，显得更直观，不易被人忽视。但是为了使财务报表不至于过于累赘，一般内容比较简单，不能充分说明所有细节。

2. 尾注说明

这是附注的主要编制形式，就是在报表之外，单独成段、成文，详细说明企业所有财务信息的细节，一般适用于说明内容较多的企业。

3. 脚注说明

在报表下端进行的说明，例如，说明已贴现的商业承兑汇票和已包括在固定资产原价内的融资租入的固定资产原价等；备抵与附加账户，在财务报表中单独列示，能够为财务报表使用者提供更多有用的信息。

4. 补充说明

有些无法列入财务报表主体中的详细数据、分析资料，可用单独的补充报表进行说明，如可利用补充报表的形式来揭示关联方的关系和交易等内容。

8.1.4 财务报表附注的重要性

由于会计核算的基础之一是货币计量，一些对企业影响非常重大但不能用货币计量的信息无法在报表中列示；每项会计要素都有严格的确认条件，使得一些不符合确认条件的会计要素不能在报表中列示，这些对分析企业经营状况非常重要的信息，常常在附注中披露。

1. 了解企业基本情况和会计核算的基础

财务报表附注中的第一部分主要包括公司基本情况、财务报表的编辑基础、重要会计政策和会计估计等内容。当人们拿到一套财务报表时，首先可以翻阅附注的第一部分，从公司的基本情况中了解公司历史沿革、所处行业、经营范围、主要产品或提供的劳务等；从“财务报表编制基础”中掌握公司是否以持续经营为基础编制财务报表，如果财务报表的编制同时还遵循了其他基础的，也会在此处做出说明。

2. 帮助理解财务报表

财务报表附注的第二部分是“主要财务报表项目的注释”。该部分是针对财务报表主要项目列示的金额所做的一一对应的解释。财务报表使用者在阅读报表过程中可根据各个项目旁的“注释号”在财务报表附注相应的地方找到解释该项目的详细内容。例如，对于资产负债表项目，在注释中会披露期初余额的构成明细、本期增加及减少发生额情况、期末余额的构成明细等基本内容。报表使用者要真正看懂财务报表就必须在阅读过程中使用财务报表附注这个“助读器”。

3. 修正已获取的财务报表信息

财务报表附注的第三部分也是很重要的，主要包括关联方关系及其交易、资产负债表日后事项、或有事项、承诺事项等其他重要事项的披露。这部分内容所披露的属于表外重要信息，能对已获取的财务报表信息起到修正作用。

8.2 附注信息的分析和利用

8-2

cfo 要求你知道

报表附注信息可以对单纯的数字进行解释，既有文字叙述又有数字解释，更加直观地表达相关信息。

关键术语

会计政策变更（Accounting policy change）

会计估计变更（Change in accounting estimate）

8.2.1 企业基本情况的分析和利用

通过分析企业的基本情况，可以了解企业注册地、组织形式、行业性质等信息，进一步分析企业注册的政治经济环境、税收风险、行业发展前景，以便掌握企业总体状况，在进行财务分析时，选择行业比较标准。

【例 8-1】以首创公司为例，简单介绍首创公司的基本情况。

首创公司注册地：北京首创股份有限公司（以下简称“本公司”）系经北京市人民政府《京政函 [1999]105 号文件》批准，由北京市首都创业集团有限公司、北京市国有资产经营公司、北京市旅游集团有限责任公司、北京市综合投资公司及北京市国际电力开发投资公司共同发起设立的股份有限公司。

注册地址：北京市海淀区双榆树知春路。

法定代表人：刘 ××。

本公司建立了股东大会、董事会、监事会的法人治理结构，目前设投资管理部、运营管理部、财务管理中心等部门，拥有马鞍山首创水务有限责任公司等子公司。

本公司经批准的经营范围：公用基础设施的投资及投资管理；高科技产品的技术开发、咨询、转让、服务、培训；房地产项目开发及销售；物业管理；投资咨询；住宿、餐饮等。

8.2.2 重要会计政策和会计估计

1. 重要会计政策的说明

由于企业经济业务的复杂性和多样化，某些经济业务可以有多种会计处理方法，即存在不止一种可供选择的会计政策。例如，存货的计价可以有先进先出法、加权平均法、个别计价法等，固定资产的折旧可以有平均年限法、工作量法、双倍余额递减法、年数总额法等。企业在发生某项经济业务时，必须从允许的会计处理方法中选择适合本企业特点的会计政策，企业选择不同的会计处理方法，可能极大地影响企业的财务状况和经营成果，进而编制出不同的财务报表。为了有助于报表使用者理解，有必要对这些会计政策加以披露。

需要特别指出的是，说明会计政策时还需要披露下列两项内容。

（1）财务报表项目的计量基础。会计计量属性包括历史成本、重置成本、可变现净值、现值和公允价值，这直接并显著影响报表使用者的分析，这项披露要求便于使用者了解企业财务报表中的项目是按何种计量基础予以计量的，例如存货是按成本还是按可变现净值计量的等。

【例 8-2】根据首创公司有关数据对存货进行如下分析。

① 存货的分类。本公司存货分为原材料、在产品、自制半成品、库存商品、物料用品、工程劳务成本、低值易耗品、开发成本、开发产品等。

② 发出存货的计价方法。本公司存货取得时按实际成本计价。原材料、库存商品等发出时采用加权平均法计价。开发产品的实际成本包括土地出让金、基础配套设施支出、建筑安装工程支出、开发项目完工之前所发生的借款费用及开发过程中的其他相关费用。开发产品发出时，采用个别计价法确定其实际成本。建造合同按实际成本计量，包括从合同签订开始至合同完成终止期间所发生的，与执行合同有关的直接费用和间接费用。在建合同累计已发生的成本和累计已确认的毛利（亏损）与已结算的价款在资产负债表中以抵销后的净额列示。在建合同累计已发生的成本和累计已确认的毛利（亏损）之和超过已结算价款的部分在存货中列示为“建造合同形成的已完工未结算资产”；在建合同已结算的价款超过累计已发生的成本与累计已确认的毛利（亏损）之和的部分在预收款项中列示为“建造合同形成的已结算尚未完工款”。为订立合同而发生的差

旅费、投标费等，能够单独区分和可靠计量且合同很可能订立的，在取得合同时计入合同成本；未满足上述条件的，则计入当期损益。

③ 存货可变现净值的确定依据及存货跌价准备的计提方法。存货可变现净值是按存货的估计售价减去至完工时估计将要发生的成本、估计的销售费用以及相关税费后的金额。在确定存货的可变现净值时，以取得的确凿证据为基础，同时考虑持有存货的目的以及资产负债表日后事项的影响。资产负债表日，存货成本高于其可变现净值的，计提存货跌价准备。本公司通常按照单个存货项目计提存货跌价准备，资产负债表日以前减记存货价值的影响因素已经消失的，存货跌价准备在原已计提的金额内转回。

④ 存货的盘存制度。本公司存货盘存制度主要采用永续盘存制。

⑤ 低值易耗品和包装物的摊销方法。本公司低值易耗品领用时采用一次转销法摊销。

（2）会计政策的确定依据，主要是指企业在运用会计政策的过程中所做的对报表中确认的项目金额最有影响的判断。例如，企业如何判断持有的金融资产是持有至到期的投资而不是交易性投资。再如，企业如何判断与租赁资产相关的所有风险和报酬已经转移给企业，从而符合融资租赁的标准，以及投资性房地产的判断标准是什么，这些判断对在报表中确认的项目金额具有什么重要影响？因此，这项披露要求有助于使用者理解企业选择和运用会计政策的背景，增加财务报表的可理解性。

【例 8-3】根据首创公司有关数据对固定资产进行如下分析。

① 确认条件。本公司固定资产是指为生产商品、提供劳务、出租或经营管理而持有的，使用寿命超过一个会计年度的有形资产。与该固定资产有关的经济利益很可能流入企业，并且该固定资产的成本能够可靠地计量时，固定资产才能予以确认。本公司固定资产按照取得时的实际成本进行初始计量。

② 折旧方法如表 8-2 所示。

表 8-2　固定资产折旧方法

类　别	折 旧 方 法	折旧年限 / 年	残　值　率	年 折 旧 率
房屋及建筑物	年限平均法	5 ～ 50	3% ～ 5%	1.9% ～ 19.4%
管网	年限平均法	10 ～ 50	3% ～ 5%	1.9% ～ 19.4%
机器设备	年限平均法	3 ～ 20	3% ～ 5%	1.9% ～ 19.4%
其他设备	年限平均法	3 ～ 22	3% ～ 5%	1.9% ～ 19.4%

本公司采用年限平均法计提折旧。固定资产自达到预定可使用状态时开始计提折旧，终止确认时或划分为持有待售非流动资产时停止计提折旧。在不考虑减值准备的情况下，按固定资产类别、预计使用寿命和预计残值，本公司确定各类固定资产的年折旧率如表 8-2 所示。其中，已计提减值准备的固定资产，还应扣除已计提的固定资产减值准备累计金额计算确定折旧率。

③ 融资租入固定资产的认定依据、计价和折旧方法。当本公司租入的固定资产符合下列一项或数项标准时，确认为融资租入固定资产。

a. 在租赁期届满时，租赁资产的所有权转移给本公司。

b. 本公司有购买租赁资产的选择权，所订立的购买价款预计将远低于行使选择权时租赁资产的公允价值，因而在租赁开始日就可以合理确定本公司将会行使这种选择权。

c. 即使资产的所有权不转移，但租赁期占租赁资产使用寿命的大部分时间。

d. 本公司在租赁开始日的最低租赁付款额现值，几乎相当于租赁开始日租赁资产公允价值。

e. 租赁资产性质特殊，如果不进行较大改造，只有本公司才能使用。融资租赁租入的固定资产，按租赁开始日租赁资产公允价值与最低租赁付款额的现值两者中较低者，作为入账价值。最低租赁付款额作为长期应付款的入账价值，其差额作为未确认融资费用。在租赁谈判和签订租赁合同过程中发生的，可归属于租赁项目的手续费、律师费、差旅费、印花税等初始直接费用，计入租赁资产价值。未确认融资费用在租赁期内各个期间采用实际利率法进行分摊。融资租入的固定资产采用与自有固定资产一致的政策计提租赁资产折旧。能够合理确定租赁期届满时将会取得租赁资产所有权的，在租赁资产尚可使用年限内计提折旧；无法合理确定租赁期届满时能够取得租赁资产所有权的，在租赁期与租赁资产尚可使用年限两者中较短的期间内计提折旧。

2. 重要会计估计的说明

财务报表列报准则强调了对会计估计不确定因素的披露要求，企业应该披露会计估计中所采用的关键假设和不确定因素的确定依据，这些关键假设和不确定因素在下一个会计期间内很可能导致对资产、负债账面价值进行重大调整。

在确定报表中确认的资产和负债的账面金额过程中，企业有时需要对不确定的未来事项在资产负债表日对这些资产和负债的影响加以估计。例如，固定资产可收回金额的计算需要根据其公允价值减去处置费用后的净额与预计未来现金流量的现值两者之间的较高者确定，在计算资产预计未来现金流量的现值时需要对未来现金流量进行预测，并选择适当的折现率，应该在附注中披露未来现金流量预测所采用的假设及其依据，以及所选折现率的合理性。又如，为正在进行中的诉讼提取准备时最佳估计数的确定依据等。这些假设的变动对这些资产和负债项目金额的确定影响很大，有可能会在下一个会计年度内做出重大调整。因此，强调这个披露要求，有助于提高财务报表的可理解性。

【例 8-4】本公司根据历史经验和其他因素，包括对未来事项的合理预期，对所采用的重要会计估计和关键假设进行持续的评价。很可能导致下一会计年度资产和负债的账面价值出现重大调整风险的重要会计估计和关键假设列示如下。

① 商誉减值：本公司至少每年评估商誉是否发生减值。这要求对分配了商誉的资产组的使用价值进行估计。估计使用价值时，本公司需要估计未来来自资产组的现金流量，同时选择恰当的折现率计算未来现金流量的现值。

② 递延所得税资产：在可能有足够的应纳税利润来抵扣亏损的限度内，应就所有未利用的税务亏损确认递延所得税资产。这需要管理层运用大量的判断来估计未来应纳税利润发生的时间和金额，结合纳税筹划策略，以决定应确认的递延所得税资产的金额。

③ 建造合同：本公司根据建筑工程个别合同的完工百分比确认收益。管理层根据总预算成本中所涉及实际成本估计建筑工程完工百分比，也估计有关合同收益。鉴于建筑合同中所进行活动的性质，进行活动之日及活动完成之日通常会归入不同的会计期间，本公司会随着合同进程检

查并修订预算（若实际合同收益小于预计或实际合同成本，则计提合同预计损失准备）中的合同收益及合同成本估计。

3. 会计政策和会计估计变更以及差错更正的说明

由于会计政策变更、会计估计变更与前期差错更正的目的是为了报告而不是税收，在一般情况下它们不具有现金流量影响，因此，一般也就不进行现金流量表分析，大多数只会影响资产负债表、利润表及利润分配表。在绝大多数情况下，管理人员会将会计政策和会计估计的变更、前期差错的更正，谨慎地调向适合当前的情况，以适应企业外部环境和企业内部自身的需要，同时让本企业的会计报表更容易让人读懂。

会计政策和会计估计变更、前期差错的更正几乎没有实质经济意义，对企业形成的利润一般不在现金流量表中体现出来，并未形成真正的现金流入，体现的只是在附注中加以说明，是一种低质量的利润。但是会计报表的使用者通常会利用发生变更之前的上年报表的实际利润和变更当年的利润来预测利润。因为这样可以了解企业收益的历史发展趋势，以对未来的收益做出较准确的判断。而且，为了保持企业的历史增长率，管理人员和经营者会继续进行会计政策、会计估计变更。尽管预测时一般不对以前年度报表进行调整，但是报表使用人应将过去的利润重新按照新的会计政策进行调整，以助于使用者理解为什么会产生会计政策变更，以及变更后的数据对未来有何影响。

总而言之，会计政策和会计估计的变更可以影响公司的流动比率、速动比率（如存货的计价方法改变），从而影响流动资产的变现能力。当会计政策变更引起企业的资产发生变化而负债没有变化时，会影响企业的资产负债比率和产权比率。若资产在变更后增加了，则资产负债比率和产权比率会降低，增强了企业的偿债能力；反之则削弱了其偿债能力。因为会计政策变更属于非正常项目，所以变更结果不能作为盈利能力分析的一部分。对上市公司而言，会计政策变更可能会引起股东权益的变化，从而影响每股收益和每股净资产，进而对企业的再筹资和投资人对企业的资金能力的看法产生影响，从而影响股票价格。作为投资人应分析企业财务比率变动的原因和会计政策变更的原因，只有这样才能不影响正确的投资决策。

【例 8-5】根据首创公司有关数据进行如下分析。

重要会计政策变更如表 8-3 所示。

表 8-3 重要会计政策变更

会计政策变更的内容和原因	备注（受重要影响的报表项目名称和金额）
《企业会计准则第 42 号——持有待售的非流动资产、处置组和终止经营》对于 2017 年 5 月 28 日之后持有待售的非流动资产或处置组的分类、计量和列报，以及终止经营的列报等进行了规定，并采用未来适用法进行处理；修改了财务报表的列报，在合并利润表和利润表中分别列示持续经营损益和终止经营损益等。对比较报表的列报进行了相应调整：对于当期列报的终止经营，原来作为持续经营损益列报的信息重新在比较报表中作为终止经营损益列报	持续经营净利润：702 146 742.60 终止经营净利润

（续表）

会计政策变更的内容和原因	备注（受重要影响的报表项目名称和金额）
根据《企业会计准则第 16 号——政府补助》（2017），政府补助的会计处理方法从总额法改为允许采用净额法，将与资产相关的政府补助相关递延收益的摊销方式从在相关资产使用寿命内平均分配改为按照合理、系统的方法进行分配，并修改了政府补助的列报项目。2017 年 1 月 1 日尚未摊销完毕的政府补助和 2017 年取得的政府补助适用修订后的准则。对新的披露要求不需要提供比较信息，不对比较报表中其他收益的列报进行相应调整	其他收益：293 760 978.20
根据《关于修订印发一般企业财务报表格式的通知》（财会 [2017]30 号），在利润表中新增“资产处置收益”行项目，反映企业出售划分为持有待售的非流动资产（金融工具、长期股权投资和投资性房地产除外）或处置组时确认的处置利得或损失，处置未划分为持有待售的固定资产、在建工程、生产性生物资产及无形资产而产生的处置利得或损失，以及债务重组中因处置非流动资产产生的利得或损失和非货币性资产交换产生的利得或损失。相应地删除“营业外收入”和“营业外支出”项下的“其中：非流动资产处置利得”和“其中：非流动资产处置损失”项目，反映企业发生的营业利润以外的收益，主要包括债务重组利得或损失、与企业日常活动无关的政府补助、公益性捐赠支出、非常损失、盘盈利得或损失、捐赠利得、流动资产毁损报废损失等。对比较报表的列报进行了相应调整	资产处置损益：30 611 756.31 营业外收入：-324 372 734.51 营业外支出

4. 报表重要项目的说明

在进行财务分析时，可以通过该项目提供的详细信息，了解报表项目的具体内容。在计算一些财务指标时，有时会用到资产账面价值，可以通过该项目提供的有关各项资产的折旧、摊销和减值信息，获取有关资产的账面余额，分析企业规模，计算相关财务指标。

【例 8-6】首创公司货币资金如下所示。

（1）期末，本公司银行存款中无财务公司存款；

（2）期末，本公司除因各类保证金以及其他冻结款项小计 247 520 369.60 元外，无其他对使用有限制、存放在境外且资金汇回受到限制的款项。

5. 其他需要说明的重要事项分析

（1）或有和承诺事项。

通过了解或有和承诺事项，分析企业是否牵涉有关诉讼，是否存在潜在风险。

如果与或有事项相关的义务同时符合以下条件，那么本公司将其确认为预计负债。

① 该义务是本公司承担的现时义务。

② 该义务的履行很可能导致经济利益流出本公司。

③ 该义务的金额能够可靠地计量。

预计负债按照履行相关的现时义务所需要支出的最佳估计数进行初始计量，并综合考虑与或有事项有关的风险、不确定性和货币时间价值等因素。货币时间价值影响重大的，通过对相关的未来现金流出进行折现后确定最佳估计数。本公司于资产负债表日对预计负债的账面价值进行复核，并对账面价值进行调整以便反映当前最佳的估计数。

如果清偿已经确认预计负债所需要支出全部或部分预期由第三方或其他方补偿，那么补偿金额只能在基本确定能收到时，作为资产单独确认。确认的补偿金额不超过所确认负债的账面价值。

【例 8-7】首创公司的重要承诺事项如下。

资产负债表日存在的对外重要承诺、性质及金额。

① 资本承诺如表 8-4 所示。

表 8-4 资本承诺

单位：元

已签约但尚未于财务报表中确认的资本承诺	期 末 数	期 初 数
购建长期资产承诺	16 098 756 155.84	7 444 733 781.02
对外投资承诺	2 656 260 310.00	1 922 884 100.00
大额发包合同	381 980 478.05	371 277 898.05

② 经营租赁承诺。至资产负债表日止，本公司对外签订的不可撤销的经营租赁合约情况如表 8-5 所示。

表 8-5 对外签订的不可撤销的经营租赁合约情况

单位：元

不可撤销经营租赁的最低租赁付款额	期 末 数	期 初 数
资产负债表日后第 1 年	7 295 000.00	19 274 256.20
资产负债表日后第 2 年	7 295 000.00	7 295 000.00
资产负债表日后第 3 年	7 295 000.00	7 295 000.00
以后年度	62 830 000.00	70 125 000.00
合 计	84 715 000.00	103 989 256.20

③ 其他承诺事项。截至 2018 年 12 月 31 日，本公司不存在其他应披露的承诺事项。

④ 前期承诺履行情况。本公司前期承诺履行正常，截至 2018 年 12 月 31 日，本公司不存在其他应披露的承诺事项。

（2）资产负债表日后非调整事项。

根据《企业会计准则》规定，资产负债表日后事项中的非调整事项不在当期会计报表中列示，为了及时了解企业的经营状况，需要分析资产负债表日后非调整事项，对根据会计报表数据计算的指标得出的结论进行相应修订。

【例 8-8】首创公司重要的非调整事项如下。

2019 年 1 月 15 日，中国证券监督管理委员会（以下简称“中国证监会”）发行审核委员会对公司非公开发行 A 股股票的申请进行了审核。根据会议审核结果，公司本次非公开发行 A 股股票申请获得审核通过。目前，公司尚未收到中国证监会的书面核准文件。

（3）关联方关系及其交易。

在分析关联方关系时，应该关注关联方关系存在的前提条件，是控制、共同控制还是重大影响，并关注关联方是企业的母公司、子公司、投资方，还是关键人员的家庭成员。

在分析关联方交易时，关键是了解关联方之间资源或义务的转移价格、关联方交易的要素。

在关联方交易的不同类型下，分析人员可以结合关联方交易的转移价格和交易的要素来分析该关联方交易对企业财务的具体影响，并对不合理的关联交易造成的利润的虚增或减少给予调整。

【例 8-9】首创公司购销商品、提供和接受劳务的关联交易情况如下。

① 采购商品、接受劳务情况如表 8-6 所示。

表 8-6　采购商品、接受劳务情况

单位：万元

关　联　方	关联交易内容	本期发生额	上期发生额
Transwaste Canterbury Limited	接受垃圾处理服务	3 728.33	3 667.90
Midwest Disposals Limited	接受垃圾处理服务	2 969.51	2 619.84
Waste Disposal Services	接受垃圾处理服务	1 858.47	1 672.69
Pikes Point Transfer Station Limited	接受垃圾处理服务	1 646.23	1 374.95
Daniels Sharpsmart New Zealand Limited	接受垃圾处理服务	300.76	
武汉华信数据系统有限公司	采购自控设备	2 121.20	840.64
北京都润生态环境工程有限公司	接受工程劳务	3 262.16	
苏州嘉净海风龙泵业有限公司	采购设备	280.96	

② 出售商品、提供劳务情况如表 8-7 所示。

表 8-7　出售商品、提供劳务情况

单位：万元

关　联　方	关联交易内容	本期发生额	上期发生额
Transwaste Canterbury Limited	提供垃圾处理服务	9 808.73	10 073.38
Burwood Resource Recovery Park Limited	提供垃圾处理服务	1 092.91	1 785.01
Pikes Point Transfer Station Limited	提供垃圾处理服务	1 221.95	1 097.22
Midwest Disposals Limited	提供垃圾处理服务	608.48	576.22
Waste DisposalServices	提供垃圾处理服务	505.71	479.83
Tiromoana Station Limited	提供垃圾处理服务		0.33
北京都润生态环境工程有限公司	提供工程劳务	53.15	
汾阳市改善城市人居环境投资基金（有限合伙）	提供管理服务	77.12	
古交市经创改善城市人居环境投资基金（有限合伙）	提供管理服务	134.96	
洪洞县改善城市人居环境投资基金（有限合伙）	提供管理服务	104.64	
吕梁市离石区改善城市人居环境投资基金(有限合伙）	提供管理服务	77.12	
平遥县经建城市人居环境投资基金（有限合伙）	提供管理服务	72.08	
清徐县经建改善城市人居环境投资基金（有限合伙）	提供管理服务	50.79	
阳泉市改善城市人居环境投资基金（有限合伙）	提供管理服务	239.97	

9 财务报表综合分析

CFO 导语

企业本身即是一个复杂的系统，只有运用系统的方法进行分析，才能全面地认识一家公司。

本项目架构

- 财务报表综合分析概述
- 杜邦分析法
- 沃尔评分法
- 企业绩效评价操作细则
- 上市公司财务分析

9.1 财务报表综合分析概述

9-1

cfo 要求你知道

财务报表综合分析往往会得到"1+1>2"的分析效果，从财务指标的相互关系和对比中得到解释和启发。

关键术语

综合分析（Comprehensive analysis）

财务报表分析的目的在于全面评价企业的经营状况，为相关决策提供信息支持。但是，单独分析任何一项财务指标或一张财务报表，都难以全面评价企业的财务状况、经营成果和现金流量。分析者要想对企业的财务状况、经营成果和现金流量有一个全面的评价，就必须将各个方面联系在一起，进行相互联系的综合性分析与评价。

9.1.1 财务报表综合分析的概念

财务报表综合分析，就是将偿债能力、营运能力、盈利能力、获现能力和发展能力等各个方面的分析纳入一个有机的整体之中，进行相互关联的、系统的分析，以便全面地对企业财务状况、经营成果及现金流量进行分析与评价。

9.1.2 财务报表综合分析的要求

财务报表综合分析要达到全面评价企业财务状况、经营成果及现金流量的目的，必须满足以下要求。

1. 选择的财务指标具有一定的代表性

财务报表综合分析关注的是企业整体财务状况、经营成果和现金流量，因此在分析过程中，要关注企业偿债能力、营运能力、盈利能力、获现能力和发展能力等各个方面的内容。因此，在进行财务报表综合分析时，分析者选择的财务指标应具有一定的代表性，涵盖多方面的财务指标，不能在分析中以偏概全。

2. 分析具有系统性并突出重点

财务报表综合分析不是各单项财务能力分析的简单相加，而是通过一定技术方法将它们进行有机结合；同时，在进行财务报表综合分析过程中还需要抓住主要分析指标，这样才能抓住影响企业财务状况、经营成果和现金流量的主要矛盾，在主要财务指标分析的基础上再对其辅助指标进行分析。

9.1.3 财务报表综合分析的必要性

与单项分析相比较，财务报表综合分析的必要性有以下几点。

（1）单项分析通常采用由一般到个别，把企业财务活动的总体分解为每个具体部分，然后逐一加以考查分析的方式；而综合分析则是通过归纳综合，把个别财务现象从财务活动的总体上进行总结。因此，单项分析具有实务性和实证性，综合分析具有高度的抽象性和概括性，着重从整体上概括财务状况的本质特征。单项分析能够真切地认识每个具体的财务现象，可以对财务状况和经营成果的某方面做出判断和评价，并为综合分析提供良好的基础。但如果不在此基础上抽象概括，把具体的问题提高到理性高度认识，就难以对企业的财务状况和经营业绩做出全面、完整、综合的评价。

（2）单项分析的重点和比较基准是财务计划、实务标准，而综合分析的重点和基准是企业整体发展趋势。因此，单项分析把每个分析的指标按同等重要的地位来处理，它难以考虑各项指标之间的相互关系。而财务报表综合分析强调各种指标有主次之分，一定要抓住主要指标。只有抓住主要指标，才能抓住企业财务状况的主要矛盾，从而通过综合分析，有利于更加正确地评价企业的财务状况、经营成果及现金流量的优劣。

财务报表综合分析方法有很多，这里主要介绍杜邦分析法、沃尔评分法、综合绩效评价方法等。

9.2 杜邦分析法

9-2

cfo 要求你知道

杜邦分析法有助于企业管理层更加清晰地看到权益基本收益率的决定因素，给管理层提供了一张明晰考察公司资产管理效率和是否最大化股东投资回报的路线图。

关键术语

杜邦分析法（Dupont analysis）
金融资产（Financial assets）
金融负债（Financial liabilities）

9.2.1 传统杜邦分析法

杜邦分析法因其最初由美国杜邦企业成功应用而得名，又称杜邦财务分析体系，简称“杜邦体系”，是利用各主要财务比率指标间的内在联系，对企业财务状况及经济效益进行综合系统分析评价的方法。该体系是以权益净利率为统领，将其分解为资产净利率和权益乘数两个指标，随后又将资产净利率分解为营业净利率和总资产周转率。重点揭示企业获利能力及权益乘数对净资产收益率的影响，以及各相关指标间的相互影响作用关系。杜邦分析法将权益净利率分解为如图 9-1 所示的体系。

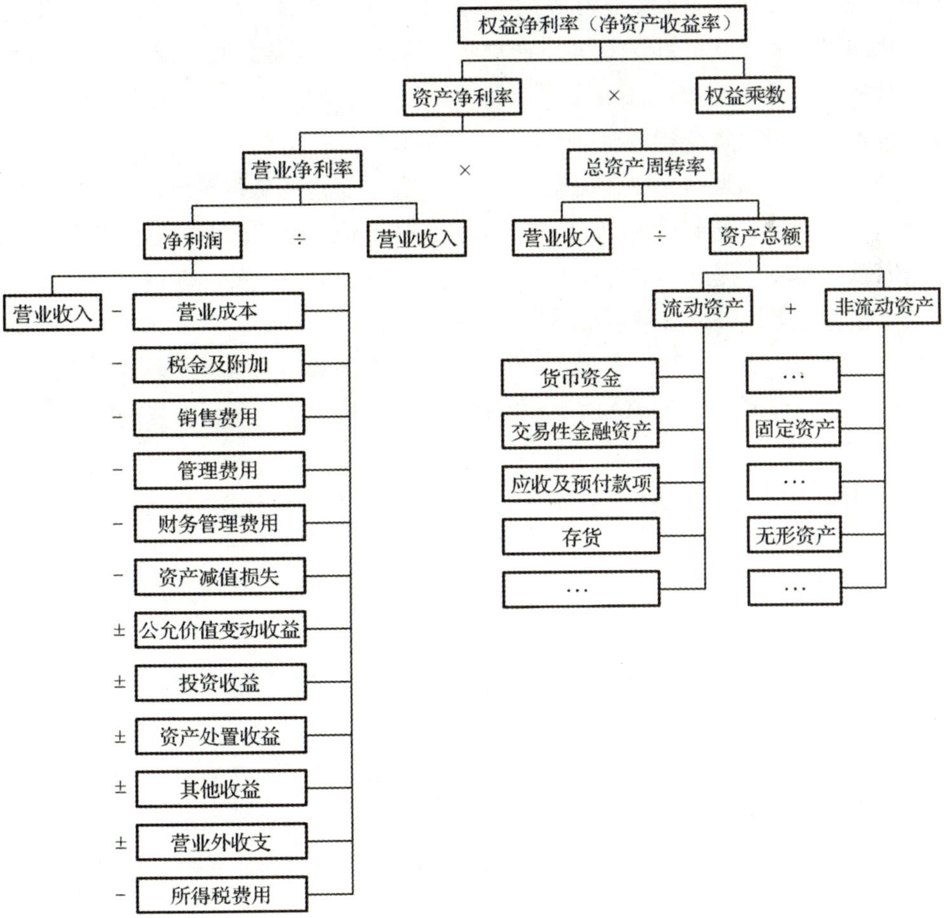

图 9-1 杜邦分析图

其分析关系式为：

权益净利率 = 资产净利率 × 权益乘数

= 营业净利率 × 总资产周转率 × 权益乘数

=（净利润 ÷ 营业收入）×（营业收入 ÷ 资产总额）× 权益乘数

运用杜邦分析法进行分析，需要把握以下几个关键指标。

（1）营业净利率反映了企业净利润与营业收入的关系，它的高低取决于营业收入与成本总额的高低。

【例 9-1】根据附表二利润表中的数据，计算首创公司 2018 年的营业净利率。

$$营业净利率 = \frac{净利润}{营业收入} \times 100\%$$

=702 146 742.6÷9 285 468 447.99×100%

≈7.56%

要想提高营业净利率，一是要扩大营业收入，二是要降低成本费用。扩大营业收入既有利于提高销售净利率，又有利于提高总资产周转率。降低成本费用是提高营业净利率的一个重要因素，从杜邦分析图可以看出成本费用的基本结构是否合理，从而找出降低成本费用的途径和加强成本费用控制的办法。如果企业财务费用支出过高，就要进一步分析其负债比率是否过高；如果管理费用过高，就要进一步分析其资产周转等情况。为了详细地了解企业成本费用的发生情况，在具体列示成本总额时，还可根据重要性原则，将那些影响较大的费用单独列示，以便为寻求降低成本的途径提供依据。

（2）总资产周转率是反映企业营运能力的重要指标。资产周转得越快、利用效率越高，在一定期间内就能为企业带来更多的收益，并提升企业整体的流动性。因此，总资产周转率是企业资产管理水平的重要体现，提升它对提升企业的盈利能力和企业整体的流动性非常重要。总资产周转率受到营业收入和平均资产总额两个因素的影响。因此，要提高资产周转率，一方面需要开拓市场，增加营业收入；另一方面，需要控制资产占用资金的数额并合理安排资产的结构。另外，对总资产周转率的分析还应结合对流动资产周转率、固定资产周转率、存货周转率、应收账款周转率等的分析进行，只有这样才能进一步查找企业资产周转快慢的关键所在。

【例 9-2】根据附表一资产负债表和附表二利润表中的数据，计算首创公司 2018 年的总资产周转率。

注：为方便计算，此处总资产周转率 = 营业收入 ÷ 资产总额。

总资产周转率 = 营业收入 ÷ 资产总额

=9 285 468 447.99÷50 994 308 397.69

≈0.18

（3）资产净利率的综合性也很强，它反映了企业所有资产的收益水平。资产净利率的高低取决于营业净利率和资产周转率。这说明企业营业活动的获利能力和企业所有资产的运用效率决定着企业全部资产的收益水平。因此，对资产净利率的分析，可以进一步深入到营业活动和资产管理两个方面。

【例 9-3】承接【例 9-1】和【例 9-2】，计算首创公司 2018 年的资产净利率。

资产净利率 = 营业净利率 × 总资产周转率

=7.56%×0.18

≈1.36%

（4）权益乘数是反映企业资本结构、财务杠杆程度以及偿债能力的重要指标。权益乘数越高，说明企业资本结构中的负债比例越高，财务杠杆程度越高，偿债能力相对越弱。因此，保持适当的权益乘数，必须合理安排资产、负债和股东权益三者之间的关系，即合理地安排企业的资本结构。

【例 9-4】根据附表一资产负债表中的数据，计算首创公司 2018 年的权益乘数。

权益乘数 = 资产合计 ÷ 所有者权益合计

=50 994 308 397.69÷17 134 162 732.48

≈2.98

（5）权益净利率是一个综合性很强的财务指标，是杜邦财务分析法的源头和核心。企业管理的重要目标之一就是增加股东财富，权益净利率反映了企业股东投入资金的收益高低。所以，这一财务指标是企业股东和经营者都十分关心的。而权益净利率的高低取决于企业的资产净利率和平均权益乘数，而资产净利率又取决于营业净利率和资产周转率。因此，权益净利率的水平取决于反映盈利能力的资产净利率和营业净利率、反映营运能力的资产周转率，以及反映资本结构和偿债能力的平均权益乘数。这样分解之后，分析者就可以将权益净利率这一综合指标发生升降变化的原因具体化，比只用一项综合性指标更能说明问题。

【例 9-5】承接【例 9-3】和【例 9-4】，计算首创公司 2018 年的权益净利率。

权益净利率 = 资产净利率 × 权益乘数

=1.36%×2.98

≈4.05%

【例 9-6】根据附表一资产负债表和附表二利润表中的数据，计算首创公司杜邦分析法基础财务指标如表 9-1 所示。

表 9-1　首创公司杜邦分析法基础财务指标

单位：元

项　目	2017 年	2018 年
净利润	646 177 941.21	702 146 742.60
营业收入	7 912 040 561.96	9 285 468 447.99
平均资产总额	37 880 157 108.96	45 314 711 186.42
营业净利率	8.17%	7.56%
总资产周转率	0.2	0.18
资产净利率	1.63%	1.36%
权益乘数	2.91	2.98
权益净利率	4.74%	4.05%

权益净利率的总差异 =2018 年权益净利率 −2017 年权益净利率

=4.05%−4.74%

=−0.69%

【例 9-7】以首创公司 2017 年的有关数据为基期，2018 年为报告期，首创公司杜邦分析法关键财务指标如表 9-2 所示。

表 9-2 首创公司杜邦分析法关键财务指标

项 目	2017 年	2018 年
营业净利率	8.17%	7.56%
总资产周转率	0.2	0.18
权益乘数	2.91	2.98

① 营业净利率的影响。

营业净利率的影响 =（报告期的营业净利率 − 基期的营业净利率）× 基期总资产周转率 × 基期的权益乘数

=（7.56%−8.17%）×0.2×2.91

≈−0.36%

营业净利率则反映了企业净利润与营业收入之间的关系，它直接体现了企业综合盈利能力的大小。因此，营业净利率是影响权益净利率的最直接因素。当总资产周转率和权益乘数固定时，营业净利率的下降导致权益净利率下滑。

② 总资产周转率的影响。

总资产周转率的影响 =（报告期的总资产周转率 − 基期的总资产周转率）× 报告期营业净利率 × 基期的权益乘数

=（0.18−0.2）×7.56%×2.91

≈−0.44%

在营业净利率和权益乘数不变的前提下，总资产周转率的上升对权益净利率产生了正面的影响。这表明资产周转速度越快，相同的资产实现的销售收入就越多。

③ 权益乘数的影响。

权益乘数的影响 = 报告期的营业净利率 × 报告期的总资产周转率 ×（报告期的权益乘数 − 基期的权益乘数）

=7.56%×0.18×（2.98−2.91）

≈0.1%

在总资产既定的前提下，企业开展适度的负债经营，相应地减少所有者权益的份额以便提高权益乘数，可以给企业带来较大的财务杠杆效应。在营业净利率和总资产周转率表现良好时，权益乘数的增加带来了更高的权益净利润。但是，权益乘数反映的是所有者权益与总资产之间的关系，并不直接反映资产利润率的高低。增大权益乘数，加大财务杠杆效应给企业带来的是收益还是风险，取决于企业资产周转率和营业净利率的高低。

【例 9-8】根据附表一资产负债表和附表二利润表，编制首创公司 2018 年杜邦分析图如图 9-2 所示。

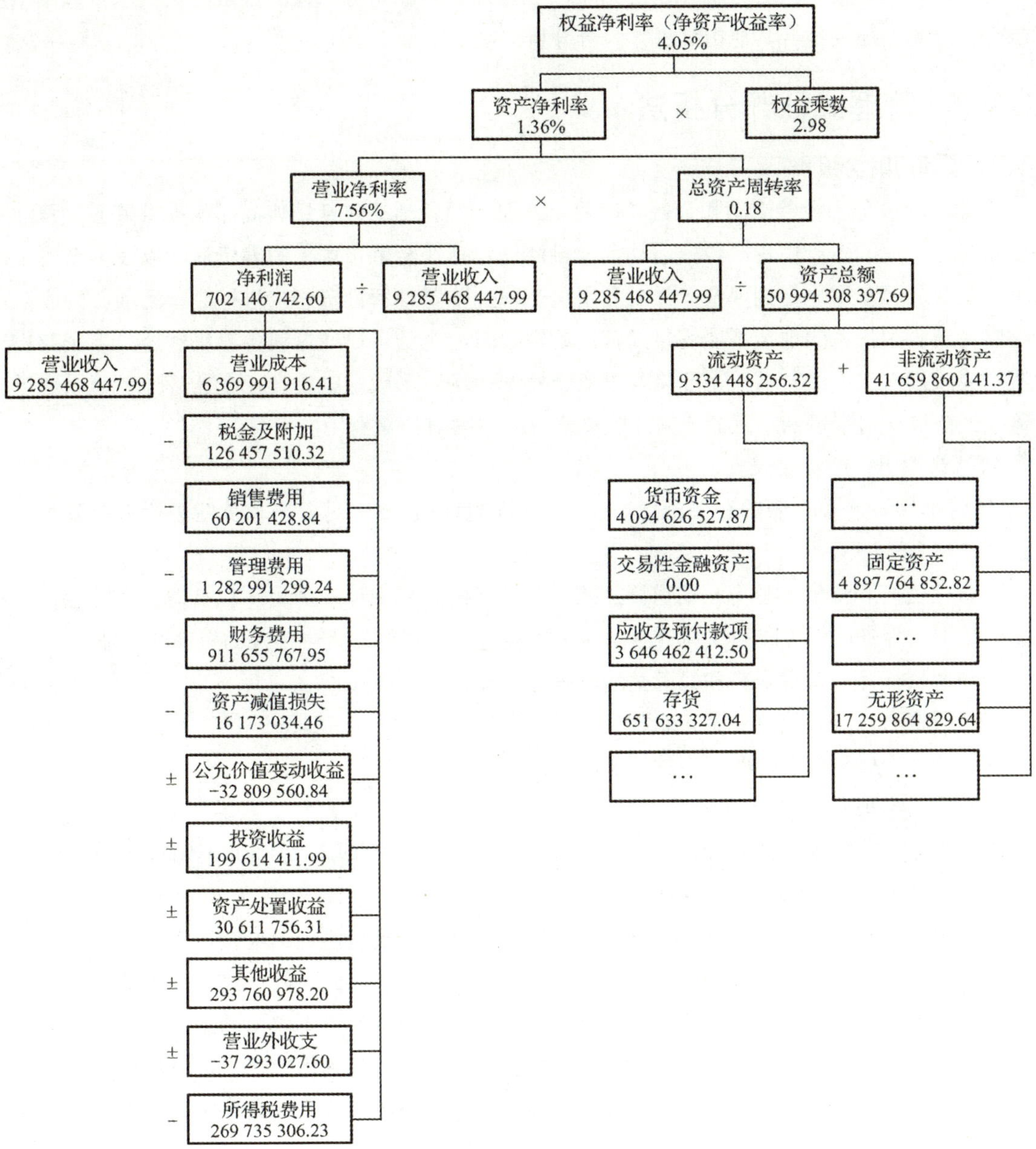

图 9-2　首创公司 2018 年杜邦分析图

综上所述，杜邦分析法将企业盈利能力、营运能力、风险与偿债能力等都联系在一起，涉及企业营业规模与成本费用水平，资产、负债和股东权益规模与结构等方方面面，全面、系统地反映出企业整体的财务状况和经营成果，并揭示出系统中各个因素之间的相互关联。通过杜邦分析法自上而下地进行分析，不仅可以了解企业财务状况、经营成果的全貌以及各项财务指标间的结构关系，而且还可以查明各项主要财务指标增减变动的影响因素及存在的问题。

值得注意的是，杜邦分析法的指标设计具有一定局限性，它更偏重于企业所有者的利益角度。从杜邦财务指标体系来看，在其他因素不变的情况下，资产负债率越高，权益净利率就越高。这是因为利用较多负债和财务杠杆作用的结果，但是没有考虑财务风险的因素。负债越多，偿债压力越大，因此，还要结合其他指标进行综合分析。

9.2.2 管理式杜邦分析法

1. 管理用财务报表

企业活动可分为经营活动和金融活动两个方面。经营活动包括销售商品或提供劳务等营业活动以及与此有关的生产性资产投资活动。金融活动包括在金融市场上的筹资活动以及多余资金的投资。企业从股东那里得到现金，然后利用这些现金购置经营性资产，进行经营活动，为股东创造财富。当股东投入的现金不能满足经营活动需要时，企业可以通过债务筹集资金。当企业出现闲置资金或投入生产经营前，企业将其投资于资本市场，形成金融资产。企业管理者可以通过资金流在经营活动与金融活动上的流向及收益情况，取得对决策有用的信息。

（1）管理用资产负债表。

① 管理用资产负债表的有关概念。管理用资产负债表要求对資产和负债进行重新分类，分为经营性和金融性两类。

经营性资产和负债，是指在销售商品或提供劳务的过程中涉及的资产和负债。金融性资产和负债，是指在筹资过程中或利用经营活动多余资金进行投资的过程中涉及的资产和负债。

净经营资产是经营性资产和经营负债的差额，即：

净经营资产 = 经营资产 - 经营负债

净负债是金融负债和金融资产的差额，即：

净负债 = 金融负债 - 金融资产

② 金融资产与金融负债的识别。大多数资产与负债项目的重新分类并不困难，但有些项目不太容易识别，具体可参见表 9-3 和表 9-4。

由于全部资产和负债被划分为经营性和金融性两类，流动资产分为经营性流动资产和金融性流动资产，流动负债分为经营性流动负债和金融性流动负债。与此关联，经营性流动资产减去经营性流动负债被称为“经营营运资本”，它是利用投资者提供的资本取得的经营性流动资产。经营性长期资产减去经营性长期负债称为净经营性长期资产，它是利用投资者提供的资本取得的经营性长期资产。经营营运资本加上净经营性长期资产称为净经营资产，它等于投资者提供的净投资资本。

管理用资产负债表的基本公式如下：

资产 = 经营资产 + 金融资产

　　= （经营性流动资产 + 经营性长期资产） + （短期金融资产 + 长期金融资产）

负债 = 经营负债 + 金融负债

　　= （经营性流动负债 + 经营性长期负债） + （短期金融负债 + 长期金融负债）

净经营资产 = 经营资产 − 经营负债

= (经营性流动资产 + 经营性长期资产) − (经营性流动负债 + 经营性长期负债)

= (经营性流动资产 − 经营性流动负债) + (经营性长期资产 − 经营性长期负债)

= 经营营运资本 + 净经营性长期资产

净金融负债 = 金融负债 − 金融资产 = 净负债

净经营资产 = 净负债 + 股东权益 = 净投资资本

表 9-3　经营性资产与金融性资产

<table>
<tr><th rowspan="2">序号</th><th colspan="3">项　目</th><th rowspan="2">经营性资产</th><th rowspan="2">金融性资产</th></tr>
<tr><th colspan="2">经济业务内容</th><th>具 体 分 析</th></tr>
<tr><td rowspan="3">1</td><td colspan="2" rowspan="3">货币资金</td><td>第一种做法是：将全部“货币资金”列为经营性资产，理由是企业应当用多余的货币资金购买有价证券，保留在“货币资金”项目中的数额应当是其生产经营所需要的，即使有超出经营需要的部分也应按实际状况列报（超储的存货在财务报表中仍然在“存货”项目中报告）</td><td rowspan="3">采用第一种做法</td><td rowspan="3"></td></tr>
<tr><td>第二种做法是：根据行业或企业历史平均的货币资金 / 销售收入百分比以及本期销售收入，推算经营活动所需的货币资金数额，多余部分列为金融资产</td></tr>
<tr><td>第三种做法是：将“货币资金”全部列为金融资产，理由是货币资金本来就是金融资产，生产经营需要的数额是多少，不但外部人员无法知道，内部人员也不一定能分清楚
在编制管理用资产负债表时，要事先明确采用上述三种方法中的哪一种，以便报表使用人能正确理解报表数据的含义</td></tr>
<tr><td>2</td><td colspan="2">交易性金融资产</td><td></td><td></td><td>√</td></tr>
<tr><td rowspan="7">3</td><td rowspan="7">应收及预付项目</td><td rowspan="2">应收票据</td><td>一种是以市场利率计息的投资</td><td></td><td>√</td></tr>
<tr><td>另一种是无息应收票据</td><td>√</td><td></td></tr>
<tr><td>应收账款</td><td></td><td>√</td><td></td></tr>
<tr><td rowspan="2">应收股利</td><td>一种是经性权益投资形成的应收股利，例如长期股权投资的应收股利</td><td>√</td><td></td></tr>
<tr><td>另一种是短期权益性投资（属于金融资产）形成的应收股利</td><td></td><td>√</td></tr>
<tr><td>应收利息</td><td></td><td></td><td>√</td></tr>
<tr><td>其他应收及预付</td><td></td><td>√</td><td></td></tr>
<tr><td>4</td><td colspan="2">长期股权投资</td><td></td><td>√</td><td></td></tr>
<tr><td>5</td><td colspan="2">持有至到期投资</td><td></td><td></td><td>√</td></tr>
<tr><td>6</td><td colspan="2">可供出售金融资产</td><td></td><td></td><td>√</td></tr>
<tr><td>7</td><td colspan="2">除以上其他资产可均视为经营资产</td><td></td><td>√</td><td></td></tr>
</table>

表 9-4 经营性负债与金融性负债

序号	项目：经济业务内容		项目：具体分析	经营性负债	金融性负债
1	短期借款				√
2	应付及预收款项	应付票据	一种是以市场利率计息的融资活动形成的		√
			另一种是无息应付票据		
		应收账款		√	
		应付股利	优先股		√
			普通股	√	
		应付利息			√
		其他应付及预收项目		√	
3	长期应付款		融资租赁引起的长期应付款		√
			经营活动引起的长期应付款	√	
4	其他应付及预收款项			√	
5	长期借款				√
6	应付债券				√
7	优先股				√
8	其他长期负债			√	

③ 管理用资产负债表的编制。以附表一资产负债表中首创公司 2017—2018 年的数据，编制调整后的管理用资产负债表如表 9-5 所示。

表 9-5　管理用资产负债表

编制单位：首创公司　　2018 年 12 月 31 日　　单位：元

净经营资产	期末余额	年初余额	净负债及股东权益	期末余额	年初余额
经营性流动资产：			金融负债：		
货币资金（经营）	4 094 626 527.87	3 207 178 708.85	短期借款	5 248 484 368.00	1 017 619 835.00
应收票据（经营）	38 072 082.58	41 020 455.79	一年内到期的非流动负债	4 674 746 007.57	2 955 601 511.26
应收账款（经营）	2 281 047 068.67	2 059 846 424.20	长期借款	10 840 661 029.88	11 241 323 394.06
预付款项	136 158 276.24	4 272 685 274.89	应付债券	1 653 420 000.00	1 693 700 000.00
其他应收款	1 193 390 974.66	909 817 868.11	递延收益	139 930 882.17	130 143 333.24
存货	651 633 327.04	1 192 797 113.26	金融负债合计	22 557 242 287.62	17 038 388 073.56
持有待售资产	0.00	10 823 471.21	金融资产：		
一年内到期的非流动资产	55 547 880.00	77 371 862.48	交易性金融资产	0.00	80 076 202.01

（续表）

净经营资产	期末余额	年初余额	净负债及股东权益	期末余额	年初余额
其他流动资产	883 972 119.26	1 465 817 305.86	债权投资	0.00	0.00
经营性流动资产合计	9 334 448 256.32	13 237 358 484.65	其他债权投资	206 892 607.28	216 666 092.76
经营性流动负债：			其他权益工具投资	0.00	0.00
应付票据（经营）	0.00	359 274.87	金融资产合计	206 892 607.28	296 742 294.77
应付账款（经营）	4 067 728 582.15	1 912 483 145.37	净负债	22 350 349 680.34	16 741 645 778.79
预收款项	1 234 086 252.60	1 201 926 956.65	股东权益：		
应付职工薪酬	200 423 713.14	178 598 447.83	实收资本（或股本）	4 820 614 124.00	4 820 614 124.00
应交税费	374 687 351.46	326 445 698.88	其他权益工具	4 400 000 000.00	2 000 000 000.00
其他应付款	2 021 931 725.82	1 676 206 357.32	少数股东权益	4 655 029 453.11	3 876 738 444.30
其他流动负债	544 021 315.28	1 500 000 000.00	资本公积	607 643 405.52	607 588 336.13
经营性流动负债合计	8 442 878 940.45	6 796 019 880.92	减：库存股		
经营营运资本	891 569 315.87	6 441 338 603.73	其他综合收益	−268 435 109.84	−465 443 850.73
经营性长期资产：			专项储备	0.00	0.00
长期应收款	2 246 836 919.83	1 597 338 875.16	盈余公积	892 413 081.58	835 256 946.55
长期股权投资	2 417 565 580.23	1 925 044 149.04	未分配利润	2 026 897 778.11	1 939 994 236.54
投资性房地产	0.00	0.00	股东权益合计	17 134 162 732.48	13 614 748 236.79
固定资产	4 897 764 852.82	4 804 241 662.84			
在建工程	10 932 494 898.36	1 444 467 915.53			
无形资产	17 259 864 829.64	12 903 828 919.09			
开发支出	4 061 881.94	3 412 638.60			
商誉	2 854 336 295.90	3 000 684 634.20			
长期待摊费用	25 120 596.48	23 248 559.75			
递延所得税资产	146 300 241.32	127 862 607.17			
其他非流动资产	668 621 437.57	270 883 234.34			
经营性长期资产合计	41 452 967 534.09	26 101 013 195.72			
经营性长期负债：					
长期应付款（经营）	1 008 297 855.53	710 669 025.28			
专项应付款	115 634 563.99	102 820 063.14			
预计负债	1 378 635 429.29	1 039 764 255.93			
递延所得税负债	357 456 588.33	332 704 439.52			
其他非流动负债	0.00	0.00			
经营性长期负债合计	2 860 024 437.14	2 185 957 783.87			
净经营性长期资产	38 592 943 096.95	23 915 055 411.85			
净经营资产总计	39 484 512 412.82	30 356 394 015.58	净负债及股东权益合计	39 484 512 412.82	30 356 394 015.58

（2）管理用利润表。

区分经营活动和金融活动，不仅涉及资产负债表，还涉及利润表。经营活动的利润反映管理者的经营业绩。通过经营活动取得盈利是企业的目的，也是增加股东财富的基本途径。金融活动的目的是筹集资金，筹集资金的目的是投资生产经营，而不是投资金融市场获利。利用投资的剩余部分返回到资本市场上取得金融收益，不是企业的经营目标。因此，要区分经营损益和金融损益。

① 区分经营损益和金融损益。经营损益和金融损益的划分，应与资产负债表上经营资产和金融资产的划分相对应。金融损益是指金融负债利息与金融资产收益的差额，即扣除利息收入、金融资产公允价值变动收益等以后的利息费用。由于存在所得税，应计算该利息费用的税后结果（即税后利息费用），也称净金融损益。经营损益是指除金融损益以外的当期损益。

经营损益和金融损益的划分，有些项目不太容易识别，具体可参见表 9-6。

表 9-6　区分经营损益和金融损益

序号	项目		经营性损益	金融性损益
	经济业务内容	具体分析		
1	财务费用	包括利息支出(减利息收入)、汇兑损益以及相关的手续费、企业发生的现金折扣或收到的现金折扣等。从管理角度分析，现金折扣属于经营损益，但实际被计入财务费用的数额很少，所以可以把“财务费用”全部作为金融损益处理		√
2	公允价值变动收益	包括交易性金融资产、交易性金融负债和指定为以公允价值计量且其变动计入当期损益的金融资产和金融负债，以及采用公允价值计量的投资性房地产、衍生工具、套期保值业务等公允价值变动形成的应计入当期损益的利得或损失。该项目中属于金融资产价值变动形成的损益，应计入金融损益，其数据来自报表附注		√
3	投资收益	金融资产取得的		√
		非金融资产取得的	√	
4	资产减值损失	金融资产形成的		√
		经营资产形成的	√	

此外，有一部分利息费用已被资本化计入相关固定成本，甚至已被计入折旧费用，作为经营费用抵减收入，对其进行追溯调整十分困难，通常忽略不计。

② 分摊所得税。既然已经区分了经营损益和金融损益，与之相关的所得税也应分开。分摊的简便方法是根据企业实际负担的平均所得税税率计算各自应分摊的所得税；严格方法是分别根据适用税率计算应负担的所得税(各种债权和债务的适用税率不一定相同，例如国债收益免税等)。本书采用简便方法处理。

管理用利润表的基本公式如下：

净利润 = 经营损益 + 金融损益

　　　= 税后经营净利润 − 税后利息费用

　　　= 税前经营利润 ×（1− 所得税税率）− 利息费用 ×（1− 所得税税率）

③ 管理利润表的编制。以附表二利润表中 2017—2018 年的数据，编制首创公司 2018 的管理用利润表如表 9-7 所示。

表 9-7 管理用利润表

编制单位：首创公司　　2018 年 12 月 31 日　　单位：元

项　目	本年累计	上年金额
经营损益：		
一、营业收入	7 912 040 561.96	9 285 468 447.99
减：营业成本	5 305 693 725.75	6 369 991 916.41
二、毛利	2 606 346 836.21	2 915 476 531.58
减：税金及附加	110 381 090.28	126 457 510.32
销售费用	44 717 177.54	60 201 428.84
管理费用	1 252 781 989.69	1 282 991 299.24
三、税前营业利润	1 198 466 578.70	1 445 826 293.18
加：营业外收入	284 265 425.26	15 935 940.54
减：营业外支出	8 783 104.52	53 228 968.14
四、税前经营利润	1 473 948 899.44	1 408 533 265.58
减：经营利润所得税	470 042 304.03	390 867 981.20
五、税后经营净利润	1 003 906 595.41	1 017 665 284.38
金融损益：		
六、利息费用	525 222 382.09	436 651 216.75
减：利息费用抵税	167 493 727.89	121 132 674.97
七、税后利息费用	357 728 654.20	315 518 541.78
八、净利润	646 177 941.21	702 146 742.60
附注：平均所得税税率	31.89%	27.75%

2. 管理用财务分析

鉴于传统杜邦分析体系存在“总资产”与“净利润”不匹配、未区分经营损益和金融损益、未区分有息负债和无息负债等诸多局限，故应基于改进的管理用财务报表重新设计财务分析体系。

（1）改进财务分析体系的核心公式。

该体系的核心公式如下：

$$权益净利率=\frac{净利润}{股东权益}$$

$$=\frac{(息税前利润-利息费用)\times(1-T)}{股东权益}$$

$$=\frac{息税前利润\times(1-T)-利息费用\times(1-T)}{股东权益}$$

$$=\frac{税后经营净利润}{股东权益}-\frac{税后利息费用}{股东权益}$$

$$=\frac{税后经营净利润}{净经营资产}\times\frac{净经营资产}{股东权益}-\frac{税后利息费用}{净负债}\times\frac{净负债}{股东权益}$$

$$=\frac{税后经营净利润}{净经营资产}\times\frac{净负债+股东权益}{股东权益}-\frac{税后利息费用}{净负债}\times\frac{净负债}{股东权益}$$

$$=\frac{税后经营资产净利率}{收入}\times\frac{收入}{净经营资产}$$

= 净经营资产净利率 ×（1+ 净财务杠杆）- 税后利息率 × 净财务杠杆

= 净经营资产净利率 +（净经营资产净利率 - 税后利息率）× 净财务杠杆

= 净经营资产净利率 + 经营差异率 × 净财务杠杆

式中，T 为所得税税率。

根据该公式，权益净利率的高低取决于三个驱动因素：净经营资产净利率（可进一步分解为税后经营净利率和净经营资产周转次数）、经营差异率和净财务杠杆。根据管理用财务报表计算的有关财务比率如表 9-8 所示。

表 9-8　主要财务比率及其变动

主要财务比率	本　年	上　年	变　动
1. 税后经营净利率（税后经营净利润 / 销售收入）	12.69%	10.96%	1.73%
2. 净经营资产周转次数（销售收入 / 净经营资产）	20.04%	30.59%	-10.55%
3. 净经营资产净利率 =1×2	2.54%	3.35%	-0.81%
4. 税后利息率（税后利息费用 / 净负债）	1.60%	1.88%	-0.28%
5. 经营差异率 =3-4	0.94%	1.47%	-0.53%
6. 净财务杠杆（净负债 / 股东权益）	1.30	1.23	0.07
7. 杠杆贡献率 =5×6	1.22%	1.81%	-0.59%
8. 权益净利率 =3+7	3.76%	5.16%	-1.40%

（2）改进的财务分析体系的基本框架。

根据管理用财务报表，改进的财务分析体系的基本框架如图 9-3 所示。

（3）权益净利率的驱动因素分解。

各影响因素对权益净利率变动的影响程度可以使用连环替代法测定，如表 9-9 所示。

表 9-9　连环替代法的计算过程

影 响 因 素	净经营资产净利率	税后利息率	经营差异率	净财务杠杆	杠杆贡献率	权益净利率	变 动 影 响
上年权益净利率	3.35%	1.88%	1.47%	1.23	1.81%	5.16%	
净经营资产净利率变动	2.54%	1.88%	0.66%	1.23	0.81%	3.35%	-1.81%
税后利息率变动	2.54%	1.60%	0.94%	1.23	1.16%	3.70%	0.35%
净财务杠杆变动	2.54%	1.60%	0.94%	1.30	1.22%	3.76%	0.06%

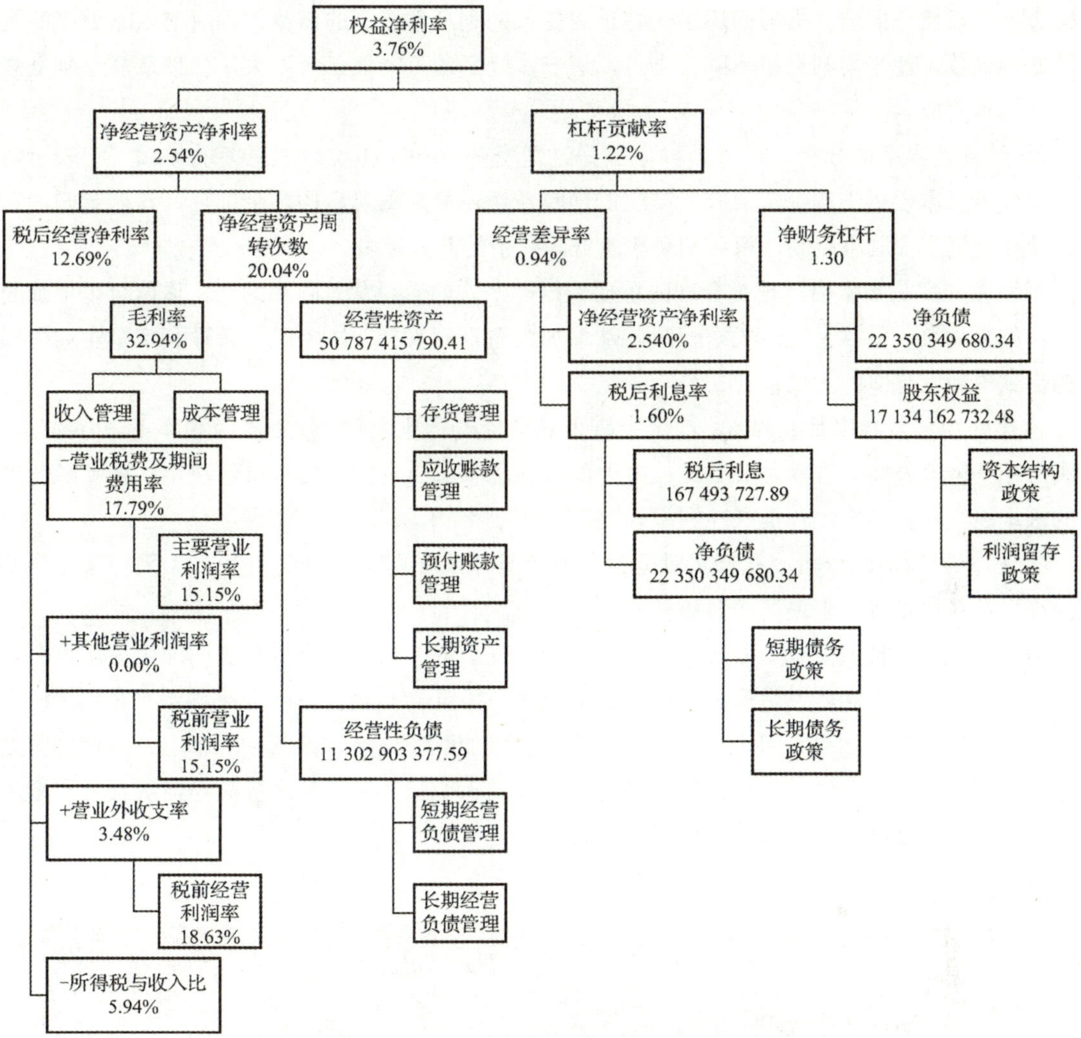

图 9-3　改进的财务分析体系的基本框架

根据上述计算结果可知，权益净利率比上年下降 1.39%，其主要影响因素是：①净经营资产净利率下降，使权益净利率减少 1.81%；②税后利息率下降，使权益净利率增加 0.35%；③净财务杠杆上升，使权益净利率增加 0.06%。因此，可以看出企业权益净利率下降的原因。

将净经营资产净利率分解为税后经营净利率和净经营资产周转次数的分析，与传统杜邦分析体系类似，只是数据更合理，得出的结论更准确。

（4）杠杆贡献率的分析。

权益净利率被分解为净经营资产净利率和杠杆贡献率两部分，为分析杠杆贡献率提供了方便。影响杠杆贡献率的因素是净经营资产净利率、税后利息率和净财务杠杆。其计算公式为：

杠杆贡献率 =（净经营资产净利率 − 税后利息率）× 净财务杠杆

① 税后利息率的分析。税后利息率的分析需要使用报表附注的明细资料。本年税后利息率为 1.6%，比上年下降 0.28%。从报表附注可知，下降原因是市场贷款利率普遍下调。企业利用这

个机会，以新债还旧债，提前归还了一些过去借入的利息率较高的借款，同时借入了更多的利息率较低的借款，使平均利息率下降。不过，进一步降低的可能性已经不大，负债从高息到低息的转换已基本完成。

② 经营差异率的分析。经营差异率是净经营资产净利率和税后利息率的差额，它表示每借入 1 元债务资本投资于净经营资产所产生的净收益偿还税后利息后的剩余部分。该剩余归股东享有。净经营资产净利率越高，税后利息率越低，剩余的部分越多。

经营差异率是衡量借款是否合理的重要依据之一。如果经营差异率为正，借款可以增加股东报酬；如果为负，借款会减少股东报酬。从增加股东报酬来看，净资产经营净利率是企业可以承担的借款税后利息率的上限。

本年的经营差异率是 0.94%，比上年减少 0.53%。原因是净经营资产净利率下降 0.81%，税后利息率下降 0.28%，前者大于后者。由于税后利息率高低主要由资本市场决定，提高经营差异率的根本途径是提高净经营资产净利率。

③ 杠杆贡献率的分析。杠杆贡献率是经营差异率和净财务杠杆的乘积。如果经营差异率不能提高，是否可以进一步提高净财务杠杆呢？

以“净负债 / 股东权益”衡量的净财务杠杆，表示每 1 元权益资本配置的净负债。该公司本年的净财务杠杆为 1.30，说明每 1 元权益资本配置 1.30 元净负债。与行业平均水平相比，已经是比较高的杠杆比率。如果公司进一步增加借款，会增加财务风险，推动利息率上升，使经营差异率进一步缩小。因此，进一步提高净财务杠杆可能是不明智之举。依靠提高净财务杠杆来增加杠杆贡献率是有限度的。

9.3 沃尔评分法

9-3

cfo 要求你知道

在使用沃尔评分法的同时，要明确其适用条件和局限性，在充分论证的基础上可根据企业自身情况加以修正。

关键术语

沃尔评分法（Wall marking way）

沃尔评分法也叫综合系数分析法，是企业财务综合分析的先驱者之一——亚历山大·沃尔提出的。他把若干个财务比率用线性关系结合起来，以此来评价企业的信用水平，被称为沃尔评分法。他选择了 7 种财务比率，分别给定了其在总评价中所占的比重，总和为 100 分；然后，确定标准比率，并与实际比率相比较，评出每项指标的得分，求出总评分。

运用沃尔评分法进行综合分析的程序如下。

（1）选定评价企业财务状况的比率指标。

不同的分析者所选择的财务比率可能不同，但在选择财务报告比率时应注意以下几点原则：

① 所选择的比率要具有全面性，反映偿债能力、盈利能力、营运能力等的比率都应包括在内，只有这样才能够反映企业的综合财务状况；

② 所选择的比率要具有代表性，即在每个方面的众多财务比率中要选择那些典型的、重要的比率；

③ 所选择的比率最好具有变化方向的一致性，即当财务比率增大时表示财务状况的改善，当财务比率减小时表示财务状况的恶化。

例如，在选择反映偿债能力的比率时，就最好选择股权比率而不选择资产负债率，因为通常认为在一定的范围内，股权比率高说明企业的偿债能力强，而资产负债率高则说明企业的负债安全程度低。

（2）确定各项财务比率的权重。

如何将 100 分的总分合理地分配给所选择的各个财务比率，是沃尔评分法中一个非常重要的环节。分配的标准是依据各个比率的重要程度，越重要的比率分配的权重越高。

（3）确定各项比率的标准值和实际值。

进行财务比率分析，必须选定财务比率标准值作为比较的标准。财务比率标准值是指特定国家、特定行业、特定时期的财务比率指标体系及其标准值。行业平均比率通常被用于标准财务比率。它是根据同一行业中部分有代表性的股份公司的财务与经营资料，经过综合汇总后，再据以求得的各项比率，如流动比率标准值、资产利润率标准值等。财务比率标准值可以作为评价企业财务比率优劣的参照物。同时，还要根据企业财务报告，分项计算各项指标的实际值。

（4）计算各个财务比率的得分。

计算得分的方法有很多，其中最常见的是用比率的实际值除以标准值得到一个相对值，即重要性系数，再用这个重要性系数乘以比率的权重得到该比率的得分。为了避免个别比率异常对总分造成不合理的影响，还可以为每个比率的得分确定一个上限和下限，即每个比率的得分最高不能超过其上限，最低不能低于其下限。例如，我们可以确定每个比率的得分最高不能超过其权重分数的 1.5 倍，最低不能低于其权重分数的 0.5 倍。有的财务比率并不是越高越好。例如，存货周转率太高可能意味着企业的存货管理存在一定问题，股权比率太高说明企业未能充分地利用财务杠杆。对于这类比率的计分方法应当进行一定的修正。例如，某行业股权比率的平均值为 60%，但通常认为该行业的股权比率超过 80% 就太高了，那么如果某企业的股权比率实际值超过了 80%，就不再采用实际值除以标准值再乘以权重分数的方法来计算其得分，而改用 80% 或标准值 60% 除以实际值再乘以权重分数来计算其得分。

（5）计算综合得分。

将各个财务比率的实际得分汇总，即得到企业的综合得分。企业的综合得分如果接近 100 分，说明企业的综合财务状况接近于行业的平均水平；企业的综合得分如果明显超过 100 分，则说明企业的综合财务状况优于行业的平均水平；企业的综合得分如果大大低于 100 分，则说明企业的综合财务状况较差，应当积极采取措施加以改善。

在沃尔评分法的各个步骤中，最为关键也最为困难的是各项财务比率权重和标准值的确定。

另外，沃尔提出了信用能力指数概念，将流动比率、产权比率、存货周转率等 7 项指标用线性关系结合起来，并分别赋予各自的分数比重，然后通过与标准比率进行比较，确定各项指标的得分及总体指标的累积分数，从而对企业的信用水平做出评价。

【例 9-9】按照沃尔的方法，首创公司 2018 年的财务状况的评分结果如表 9-10 所示。

表 9-10　首创公司 2018 年沃尔综合评分表

财 务 比 率	权重①	标准比率②	实际比率③	关系比率 ④ = ③ ÷ ②	综合得分 ⑤ = ① × ④
流动比率	25	2	0.51	0.26	6.5
净资产 / 负债	25	1.5	0.51	0.34	8.5
资产 / 固定资产	15	2.5	10.41	4.16	62.4
营业成本 / 存货	10	8	9.78	1.22	12.2
营业收入 / 应收账款	10	6	4.07	0.68	6.8
营业收入 / 固定资产	10	4	1.9	0.48	4.8
营业收入 / 净资产	5	3	0.54	0.18	0.9
合计	100				102.1

首创公司 2018 年沃尔综合评分雷达图如图 9-4 所示。

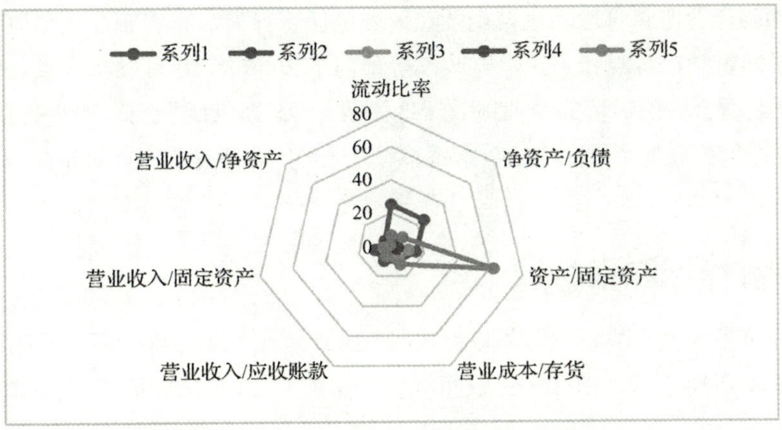

图 9-4　首创公司 2018 年沃尔综合评分雷达图

9.4　综合绩效评价方法

cfo 要求你知道

企业绩效评价属于企业管理控制系统的一部分。它与各种行为控制系统、人事控制系统共同构成企业管理控制体系。

关键术语

基本指标（The basic index）
修正指标（The revised index）
评议指标（The index evaluated by discussion）

为进一步加强企业监督管理，规范企业经营效绩评价行为，完善企业效绩评价方法，确保企业效绩评价结果的科学、客观和公正，财政部等部门于2006年10月颁布《企业效绩评价操作细则（修订）》，制定适合中国国情的企业绩效评价体系。该细则包括“总则”“评价指标与权重”“评价标准选择”“评价计分”“评价基础数据调整”“评价工作程序”“评价结果与评价报告”“附则”等部分。

9.4.1 评价指标和指标权数

企业效绩评价指标由反映企业财务效益状况、资产营运状况、偿债能力状况和发展能力状况四方面内容的基本指标、修正指标和评议指标三个层次共28项指标构成。各指标评价内容及权重如表9-11所示。

表9-11 企业综合绩效评价指标及权重表

评价内容与权数		财务绩效（70%）				管理绩效（30%）	
		基本指标	权数	修正指标	权数	评议指标	权数
盈利能力状况	34			销售（营业）利润率	10		
		净资产收益率	20	盈余现金保障倍数	9		
		总资产报酬率	14	成本费用利润率	8		
				资本收益率	7		
资产质量状况	22	总资产周转率	10	不良资产比率	9	战略管理	18
		应收账款周转率	12	流动资产周转率	7	发展创新	15
				资产现金回收率	6	经营决策	16
债务风险状况	22			速动比率	6	风险控制	13
		资产负债率	12	现金流动负债比率	6	基础管理	14
		已获利息倍数	10	带息负债比率	5	人力资源	8
				或有负债比率	5	行业影响	8
经营增长状况	22	销售（营业）增长率	12	销售（营业）利润增长率	10	社会贡献	8
		资本保值增值率	10	总资产增长率	7		
				技术投入比率	5		

1. 财务绩效定量评价

财务绩效定量评价是指对企业一定期间的盈利能力、资产质量、债务风险和经营增长四个方面进行定量对比分析和评判。

（1）企业盈利能力分析与评判主要通过资本及资产报酬水平、成本费用控制水平和经营现金流量状况等方面的财务指标，综合反映企业的投入产出水平以及盈利质量和现金保障状况。

（2）企业资产质量分析与评判主要通过资产周转速度、资产运行状态、资产结构以及资产有效性等方面的财务指标，综合反映企业所占用经济资源的利用效率、资产管理水平与资产的安全性。

（3）企业债务风险分析与评判主要通过债务负担水平、资产负债结构、或有负债情况、现金偿债能力等方面的财务指标，综合反映企业的债务水平、偿债能力及其面临的债务风险。

（4）企业经营增长分析与评判主要通过销售增长、资本积累、效益变化以及技术投入等方面的财务指标，综合反映企业的经营增长水平及发展后劲。

2. 管理绩效定性评价

管理绩效定性评价是指在企业财务绩效定量评价的基础上，通过采取专家评议的方式，对企业一定期间的经营管理水平进行定性分析与综合评判。

管理绩效定性评价指标包括企业发展战略的确立与执行、经营决策、发展创新、风险控制、基础管理、人力资源、行业影响、社会贡献 8 个方面的指标，主要反映企业在一定的经营期间内所采取的各项管理措施及其管理成效。

（1）战略管理评价主要反映企业所制定的战略规划的科学性，战略规划是否符合企业实际，员工对战略规划的认知程度，战略规划的保障措施及其执行力，以及战略规划的实施效果等方面的情况。

（2）发展创新评价主要反映企业在经营管理创新、工艺革新、技术改造、新产品开发、品牌培育、市场拓展、专利申请及核心技术研发等方面的措施及成效。

（3）经营决策评价主要反映企业在决策管理、决策程序、决策方法、决策执行、决策监督、责任追究等方面采取的措施及实施效果，重点反映企业是否存在重大经营决策失误。

（4）风险控制评价主要反映企业在财务风险、市场风险、技术风险、管理风险、信用风险和道德风险等方面的管理与控制措施及效果，包括风险控制标准、风险评估程序、风险防范与化解措施等。

（5）基础管理评价主要反映企业在制度建设、内部控制、重大事项管理、信息化建设、标准化管理等方面的情况，包括财务管理、对外投资、采购与销售、存货管理、质量管理、安全管理、法律事务等。

（6）人力资源评价主要反映企业人才结构、人才培养、人才引进、人才储备、人事调配、员工绩效管理、分配与激励、企业文化建设、员工工作热情等方面的情况。

（7）行业影响评价主要反映企业主营业务的市场占有率、对国民经济及区域经济的影响与带动力、主要产品的市场认可程度、是否具有核心竞争能力以及产业引导能力等方面的情况。

（8）社会贡献评价主要反映企业在资源节约、环境保护、吸纳就业、工资福利、安全生产、上缴税收、商业诚信、和谐社会建设等方面的贡献程度和社会责任的履行情况。

9.4.2 评价标准

评价标准是实施企业效绩评价的参照系数。评价标准包括计量指标评价标准和评议指标（非计量指标）参考标准两类。

1. 计量指标评价标准

计量指标评价标准是基本指标和修正指标评价的依据，由标准值和标准系数构成。

（1）计量指标全国评价标准值由国家财政主管部门根据全国企业会计报表数据资料及有关统计信息，在剔除有关企业不合理数据的基础上，结合国民经济近期发展水平，运用移动加权平均等数理统计方法统一制定。

根据《国民经济行业分类与代码》和《企业规模划分标准》等国家标准，按照行业重要程度和样本数量，企业效绩评价计量指标评价标准值划分为四个层次约150个行业，在各行业标准值下又划分为大型、中型、小型三种规模（具体可参见《企业效绩评价行业基本分类》）。

为了提高评价计分的准确性，每个计量指标评价标准值划分为五个水平档次，分别为优（A）、良（B）、中（C）、低（D）、差（E）（具体可参见《企业效绩评价标准值》）。

（2）标准系数是评价标准值所对应的水平系数，反映了评价指标实际值对应评价标准值所达到的水平档次。与优（A）、良（B）、中（C）、低（D）、差（E）五档评价标准值相对应的标准系数分别为1.0、0.8、0.6、0.4、0.2，差（E）以下为0。

2. 评议指标参考标准

评议指标参考标准以国家的有关经济政策、法律法规等为基础，结合我国国情和企业管理经验，按照重要性原则具体制定。每个评议指标参考标准分为优（A）、良（B）、中（C）、低（D）、差（E）五个等级。每个等级对应的等级参数分别为1.0、0.8、0.6、0.4、0.2。每个等级的具体含义详见《企业效绩评价评议指标参考标准》。

3. 评价标准的选用

正确选用评价标准是公正评价企业经营效绩的前提。评价标准的选用按以下要求执行。

（1）计量指标评价标准的选用。

除评价组织机构根据评价目的做出特别规定外，一般企业计量指标评价标准值的选用程序是：首先，根据企业经营领域对照企业效绩评价行业基本分类，自下而上逐层遴选被评价企业适用的行业标准值；然后根据被评价企业的规模，在已确定的行业中选择不同规模的评价标准值。

集团型企业计量指标评价标准值的选用分两种情况：一是主业突出的集团型企业，原则上采用其主业所在行业的标准值。二是多业经营、主业不突出的集团型企业，可对照企业效绩评价行业基本分类，采用基本可以覆盖其多种经营业务的上一层次的评价标准值；或者根据其下属企业所属行业，分别选取相关行业标准值进行评价，然后按照各下属企业销售收入占被评价企业全部销售收入的比重，加权形成集团评价得分。

如果被评价企业所在行业因样本原因没有统一的评价标准，或按以上方法仍无法确定被评价企业评价标准值，则在征得评价组织机构同意后，直接选用国民经济十大门类标准或全国标准。

（2）评议指标参考标准的选用。

评议指标参考标准具有行业普遍性和一般性，除区分工业和商业（服务业）外，没有更细的行业划分。在进行评议时，要根据不同行业的经营特点，灵活把握个别评议指标的参考标准。对于评议标准没有列示，但对被评价企业经营绩效产生重要影响的因素，在评议时也应予以充分考虑。

9.4.3 评价计分方法

企业效绩评价的主要计分方法是功效系数法，用于计量指标的评价计分；辅助计分方法是综合分析判断法，用于评议指标的评价计分。根据评价指标体系的三层次结构，企业效绩评价的计分方法分为基本指标计分方法、修正指标计分方法、评议指标计分方法和定量与定性结合计分方法。

1. 基本指标计分方法

基本指标计分方法是指运用企业效绩评价基本指标，将指标实际值对照相应评价标准值，计算各项指标实际得分。计算公式为：

基本指标总得分 = ∑单项基本指标得分

单项基本指标得分 = 本档基础分 + 调整分

本档基础分 = 指标权数 × 本档标准系数

调整分 = 功效系数 ×（上档基础分 - 本档基础分）

上档基础分 = 指标权数 × 上档标准系数

功效系数 =（实际值 - 本档标准值）÷（上档标准值 - 本档标准值）

本档标准值是指上下两档标准值居于较低等级的一档。

对有关指标的分母为零或为负数时，做如下具体处理规定。

（1）对于权益净利率、资本积累率指标，当分母等于 0 或小于 0 时，该指标得 0 分。

（2）对于已获利息倍数指标，当分母等于 0 时，按以下两种情况处理：

如果利润总额大于 0，则指标得满分；

如果利润总额小于或等于 0，则指标得 0 分。

在每一部分指标评价分数计算出来后，要计算该部分指标的分析系数。分析系数是指企业财务效益、资产营运、偿债能力、发展能力四部分评价内容各自的评价分数与该部分权数的比率。基本指标分析系数的计算公式为：

某部分基本指标分析系数 = 该部分指标得分 ÷ 该部分权数

由表 9-11 可以得知，权益净利率（净资产收益率）的指标权数为 20；从【例 9-5】可知首创公司 2018 年的权益净利率为 4.05%，根据附表六企业绩效评价标准值可知，首创公司权益净利率为 1.3% ～ 5.2%，因此可知首创公司权益净利率的本档标准值为 1.3%，上档标准值为 5.2%。再根据评价标准可知首创公司 2018 年权益净利率的本档标准系数为 0.6，上档标准系数为 0.8。

【例 9-10】以首创公司 2018 年权益净利率指标为例计算上档基础分。

上档基础分 = 指标权数 × 上档标准系数

=20×0.8

=16

【例 9-11】以首创公司 2018 年权益净利率指标为例计算功效系数。

功效系数 =（实际值 - 本档标准值）÷（上档标准值 - 本档标准值）

=（4.05%-1.3%）÷（5.2%-1.3%）

≈0.71

【例 9-12】以首创公司 2018 年权益净利率为例计算本档基础分。

本档基础分 = 指标权数 × 本档标准系数

=20×0.6

=12

【例 9-13】根据【例 9-10】【例 9-11】【例 9-12】，计算首创公司 2018 年权益净利率的调整分。

调整分 = 功效系数 ×（上档基础分 − 本档基础分）

=0.71×（16−12）

=2.84

【例 9-14】根据【例 9-12】和【例 9-13】，以首创公司 2018 年权益净利率为例计算单项基本指标得分。

单项基本指标得分 = 本档基础分 + 调整分

=12+2.84

=14.84

首创公司其他基本指标计算方法同上。通过上述计算，首创公司基本指标得分如表 9-12 所示。

表 9-12　首创公司基本指标得分

指标		得分	合计
盈利能力状况	权益净利率	14.88	26.01
	总资产报酬率	11.17	
资产质量状况	总资产周转率	3.6	11.52
	应收账款周转率	7.92	
债务风险状况	资产负债率	6.86	13.5
	已获利息倍数	6.64	
经营增长状况	销售（营业）增长率	11.47	21.47
	资本保值增值率	10	

2. 修正指标计分方法

修正指标计分方法是在基本指标计分结果的基础上，运用修正指标对企业效绩基本指标计分结果做进一步调整。修正指标的计分方法仍运用功效系数法原理，以各部分基本指标的评价得分为基础，计算各部分的综合修正系数，再据此计算出修正指标分数。计算公式为：

修正后总得分 =Σ 各部分修正后得分

各部分修正后得分 = 该部分基本指标分数 × 该部分综合修正系数

综合修正系数 =Σ 该部分各指标加权修正系数

某指标加权修正系数 =（修正指标权数 ÷ 该部分权数）× 该指标单项修正系数

某指标单项修正系数 =1.0+（本档标准系数 + 功效系数 ×0.2− 该部分基本指标分析系数）

功效系数 =（指标实际值 − 本档标准值）÷（上档标准值 − 本档标准值）

该部分基本指标分析系数 = 该部分基本指标得分 ÷ 该部分权数

在计算修正指标的修正系数时，对有关指标的单项修正系数作如下特殊规定。

（1）如果修正指标实际值达到优秀值以上，那么其单项修正系数的计算公式如下。

单项修正系数 =1.2+ 本档标准系数 − 该部分基本指标分析系数

（2）如果修正指标实际值处于较差值以下，那么其单项修正系数的计算公式如下。

单项修正系数 =1.0− 该部分基本指标分析系数

（3）如果资产负债率≥ 100%，那么指标得 0 分，其他情况按照规定的公式计分。

（4）如果盈余现金保障倍数分子为正数，分母为负数，那么单项修正系数确定为 1.1。如果分子为负数，分母为正数，那么单项修正系数确定为 0.9。如果分子分母同为负数，那么单项修正系数确定为 0.8。

（5）如果不良资产比率≥ 100% 或分母为负数，那么单项修正系数确定为 0.8。

（6）对于销售（营业）利润增长率指标，如果上年主营业务利润为负数，本年为正数，那么单项修正系数为 1.1。如果上年主营业务利润为零，本年为正数，或者上年为负数本年为零，那么单项修正系数确定为 1.0。

（7）如果个别指标难以确定行业标准，那么该指标单项修正系数确定为 1.0。

【例 9-15】以首创公司 2018 年盈利能力指标为例，计算该部分基本指标分析系数。

该部分基本指标分析系数 = 该部分基本指标得分 ÷ 该部分权数

=26.01÷34

≈0.77

该部分基本指标得分是指表 9-12 中盈利能力基本指标得分，该部分权数是指表 9-11 中盈利能力所占权数。

【例 9-16】以首创公司 2018 年盈余现金保障倍数指标为例，计算功效系数。

盈余现金保障倍数 = 经营现金净流量 ÷ 净利润

=2 489 257 933.08÷702 146 742.6

≈3.55

式中，经营现金净流量是指附表三现金流量表中的“经营活动产生的现金流量净额”项目，净利润是指附表二利润表中的“净利润”项目。

功效系数 =（指标实际值 − 本档标准值）÷（上档标准值 − 本档标准值）

=（3.55−0.5）÷（4.2−0.5）

≈0.82

通过计算得出首创公司 2018 年的盈余现金保障倍数为 3.55，根据附表六企业绩效评价标准值可知，首创公司盈余现金保障倍数为 0.5% ～ 4.2%，因此可知首创公司盈余现金保障倍数的本档标准值为 0.5%，上档标准值为 4.2%。再根据评价标准可知首创公司 2018 年盈余现金保障倍数的本档标准系数为 0.6，上档标准系数为 0.8。

【例 9-17】根据【例 9-15】和【例 9-16】，计算首创公司 2018 年盈余现金保障倍数指标的单项修正系数。

某指标单项修正系数 =1.0+（本档标准系数 + 功效系数 ×0.2− 该部分基本指标分析系数）

=1+（0.6+0.82×0.2−0.77）

≈0.99

【例 9-18】以首创公司 2018 年盈余现金保障倍数指标为例，计算该指标加权修正系数。

该指标加权修正系数 =（修正指标权数 ÷ 该部分权数）× 该指标单项修正系数

=（9÷34）×0.99

≈0.26

修正指标权数是指表 9-11 中盈余现金保障倍数的指标权数，该部分权数是指表 9-11 中盈利能力所占权数。

【例 9-19】以首创公司 2018 年总资产增长率为例，修正指标实际值达到优秀值以上，计算单项修正系数。

总资产增长率 =（期末资产总额 − 期初资产总额）÷ 期初资产总额 ×100%

=（50 994 308 397.69−39 635 113 975.14）÷39 635 113 975.14×100%

≈28.66%

式中，期初资产总额金额取自附表一资产负债表中 2017 年的资产合计项目，期末资产总额金额取自附表一资产负债表中 2018 年的资产合计项目。

查看附表六企业绩效评价标准值可知，首创公司总资产增长率大于优秀值（22.6%），因此可知首创公司总资产增长率的本档标准值和上档标准值均为 22.6%。再根据评价标准可知首创公司 2018 年总资产增长率的本档标准系数和上档标准系数均为 1。

单项修正系数 =1.2+ 本档标准系数 − 该部分基本指标分析系数

=1.2+1−0.98

=1.22

该部分基本指标分析系数 = 该部分基本指标得分 ÷ 该部分权数

=21.47÷22

≈0.98

该部分基本指标得分是指表 9-12 中经营增长状况基本指标得分，该部分权数是指表 9-11 中经营增长状况所占权数。

首创公司其他基本指标计算方法同上。通过上述计算，首创公司修正系数如表 9-13 所示。

表 9-13　首创公司修正系数

指　标		修正系数	合　计
盈利能力修正系数	销售（营业）利润率	0.25	1.02
	盈余现金保障倍数	0.26	
	成本费用利润率	0.27	
	资本收益率	0.20	
资产质量修正系数	不良资产比率	0.68	1.28
	流动资产周转率	0.28	
	资产现金回收率	0.32	

（续表）

指　　标		修正系数	合　　计
债务风险修正系数	速动比率	0.11	0.63
	现金流动负债比率	0.34	
	带息负债比率	0.09	
	或有负债比率	0.09	
经营增长修正系数	销售（营业）利润增长率	0.46	0.854 5
	总资产增长率	0.39	
	技术投入比率	0.004 5	

【例 9-20】根据表 9-12 和表 9-13，首创公司财务指标得分如表 9-14 所示。

表 9-14　首创公司财务指标得分

项　　目	基本指标	修正指标	得　　分
盈利能力状况	26.01	0.98	25.49
资产质量状况	11.52	1.28	14.75
债务风险状况	13.5	0.63	8.51
经营增长状况	21.47	0.854 5	18.35
合计			67.10

3. 评议指标计分方法

评议指标计分方法是根据评价工作需要，运用评议指标对影响企业经营效绩的相关非计量因素进行深入分析，做出企业经营状况的定性分析判断。具体根据评议指标所考核的内容，由不少于 5 名的评议人员依据评价参考标准判定指标达到的等级，然后计算评议指标得分。计分公式为：

评议指标总分 = ∑单项指标分数

单项指标分数 = ∑（单项指标权数 × 每位评议人员选定的等级参数）÷ 评议人员总数

如果被评价企业会计信息发生严重失真、丢失或因客观原因无法提供真实、合法会计数据资料等异常情况，以及受国家政策、市场环境等因素的重大影响，利用企业提供的会计数据已无法形成客观、公正的评价结论时，经相关的评价组织机构批准，可单独运用评议指标进行定性评价，得出评价结论。

首创公司评议指标的分析如表 9-15 所示。

表 9-15　首创公司评议指标的分析

评议指标	权　　数	分　　值	得　　分
	（1）	（2）	（3）=（1）×（2）
战略管理	18%	80	14.4
发展创新	15%	90	13.5
经营决策	16%	70	11.2

（续表）

评议指标	权　数	分　值	得　分
	(1)	(2)	(3) = (1) × (2)
风险控制	13%	85	11.05
基础管理	14%	90	12.6
人力资源	8%	80	6.4
行业影响	8%	75	6
社会贡献	8%	80	6.4
合计			81.55

注：此报表得分是写作团队根据《中央企业综合绩效评价管理暂行办法》和《中央企业综合绩效评价实施细则》填写的。

4. 定量与定性结合计分方法

定量与定性结合计分方法是将定量指标评价分数和定性指标评议分数按照规定的权重拟合形成综合评价结果，即根据评议指标得分对定量评价结论进行校正，计算出综合评价得分，其计算公式为：

企业综合绩效评价分数 = 财务绩效定量评价分数 ×70%+ 管理绩效定性评价分数 ×30%

【例 9-21】根据表 9-14 和表 9-15，计算首创公司企业综合绩效评价分数。

企业综合绩效评价分数 = 财务绩效定量评价分数 ×70%+ 管理绩效定性评价分数 ×30%

$=67.10\times70\%+81.55\times30\%$

≈71.44

9.4.4 评价结果

企业效绩评价结果以评价得分和评价类型加评价级别表示，并据此编制评价报告。评价类型是评价分数体现出来的企业经营绩效水平，用文字和字母表示，分为优（A）、良（B）、中（C）、低（D）、差（E）5 种类型；评价级别是指对每种类型再划分级次，以体现同一类型中的不同差异，采用在字母后标注“+”“-”号的方式表示。

1. 类型判定

评价类型以评价得分为依据，按 85、70、50、40 四个分数线作为类型判定的资格界线。

优（A）：评价得分达到 85 分以上 (含 85 分)；

良（B）：评价得分达到 70 ～ 85 分 (含 70 分)；

中（C）：评价得分达到 50 ～ 70 分 (含 50 分)；

低（D）：评价得分在 40 ～ 50 分 (含 40 分)；

差（E）：评价得分在 40 分以下。

2. 级别标注

以上 5 种评价类型再划分为 10 个级别，分别是：

优：A++ ≥ 95 分，95 分 >A+ ≥ 90 分，90 分 >A ≥ 85 分；

良：85 分 >B+ ≥ 80 分，80 分 >B ≥ 75 分，75 分 >B- ≥ 70 分；

中：70 分 >C ≥ 60 分，60 分 >C- ≥ 50 分；

低：50 分 >D ≥ 40 分；

差：40 分 >E。

当评价得分属于“优”“良”类型时，以本类分数段最低限为基准，每高出 5 分 (含 5 分，小数点四舍五入)，就提高一个级别；当评价得分属“中”类型，60 分以下用“C-”表示，60 分以上（含 60 分）用“C”表示；当评价得分属于“低”“差”类型，不分级别，一律用“D”“E”表示。

首创公司综合绩效评价分数为 71.44 分，根据评价类型判定标准，首创公司判定为中（C）级别。

9.5 上市公司财务分析

9-5

cfo 要求你知道

在一般公司的基础上，上市公司的财务分析需要更加关注股东的投资回报和企业的市场价值。

关键术语

每股收益（Earnings per share）

市盈率（Price-earinings ratio）

1. 每股收益

每股收益是综合反映企业盈利能力的重要指标，可以用来判断和评价管理层的经营业绩。每股收益概念包括基本每股收益和稀释每股收益。

（1）基本每股收益。

基本每股收益的计算公式为：

基本每股收益 = 归属于公司普通股股东的净利润 ÷ 发行在外的普通股加权平均数

其中，发行在外的普通股加权平均数 = 期初发行在外普通股股数 + 当期新发行普通股股数 × 已发行时间 ÷ 报告期时间 - 当期回购普通股股数 × 已回购时间 ÷ 报告期时间

已发行时间、报告期时间和已回购时间一般按照天数计算。在不影响计算结果合理性的前提下，可以采用简化的计算方法，即按月计算。新发行普通股股数，应该根据发行合同的具体条款，从应收对价之日（一般为股票的发行期）起计算确定。通常包括下列情况：

为收取现金而发行的普通股股数，从应收现金之日起计算。

因为债务转资本而发行的普通股股数，从停计债务利息之日或结算日起计算。

非同一控制下的企业合并，作为对价发行的普通股股数，从购买日起计算。同一控制下的企业合并，作为对价发行的普通股股数，应该计入各列报期间普通股的加权平均数。

为收购非现金资产而发行的普通股股数，从确认收购之日起计算。

企业发放股票股利、公积金转增资本，拆股或并股等，会增加或减少其发行在的外普通股或潜在普通股的数量，但不影响所有者权益的总额，也不改变企业的盈利能力。企业应该在相关的报批手续全部完成后，按调整后的股数重新计算各列报期间每股的收益。上述变化发生于资产负债表日至财务报告批准报出日之间的，应该以调整后的股数重新计算每股收益。

在企业当期发生配股的情况下，计算基本每股收益时，应该考虑配股中包含的送股因素，据以调整各期发行在外普通股的加权平均数。配股是上市公司根据公司发展的需要，依据有关规定和相应的程序，旨在向原股东进一步发行新股、筹集资金的行为，需要投资者按照一定的比例以一定的价格购买股票，配股后发行在外的股数增加。计算公式如下：

本年度基本每股收益 - 归属于普通股股东的当期净利润 ÷（行权前发行在外普通股股数 × 调整系数 × 行权前普通股发行在外的时间权数 + 行权后发行在外普通股加权平均数）

其中，调整系数 = 行权前每股公允价值 ÷ 行权后每股理论除权价格，而行权后每股理论除权价股数 =（行权前发行在外普通股的公允价值 + 配股收到的款项）÷ 行权后发行在外的普通股股数。刚配股重新计算的上年度基本每股收益 = 上年度基本每股收益 ÷ 调整系数。

【例 9-22】根据附表二利润表中的数据，首创公司 2014—2018 年的基本每股收益如表 9-16 所示。

表 9-16　首创公司 2014—2018 年基本每股收益

项　目	2014 年	2015 年	2016 年	2017 年	2018 年
基本每股收益 / 元	0.2733	0.2774	0.2241	0.1267	0.127

首创公司 2014—2018 年基本每股收益趋势如图 9-5 所示。

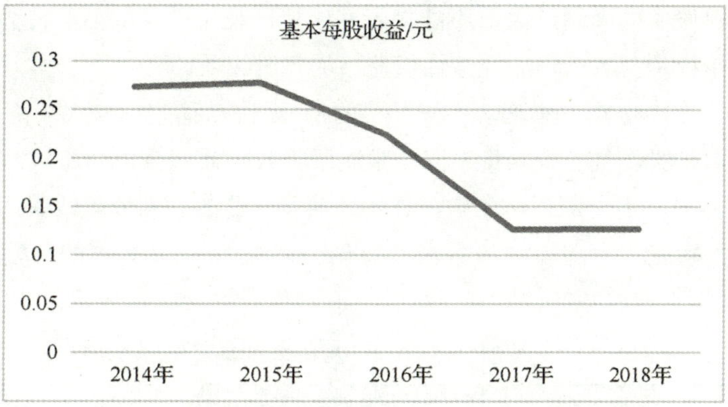

图 9-5　首创公司 2014—2018 年基本每股收益趋势

（2）稀释每股收益。

企业存在具有稀释性的潜在普通股的情况下，应该根据具有稀释性的潜在普通股的影响，分别调整归属于普通股股东的当期净利润以及当期发行在外普通股的加权平均数，并据以计算稀释的每股收益。

计算稀释每股收益时，应该根据下列事项对归属于普通股股东的当期净利润进行调整：当期已经确认为费用的稀释性潜在普通股的利息；稀释性潜在普通股转换时将产生的收益或费用。

当期发行在外普通股的加权平均数应该为计算基本每股收益时普通股的加权平均数与假设稀释性潜在普通股转换为已经发行普通股而增加的普通股股数的加权平均数之和。

计算稀释性潜在普通股转换为已经发行普通股而增加的普通股股数的加权平均数时，以前期间发行的稀释性潜在普通股，应该假设在当期期初转换。当期发行的稀释性潜在普通股，应该假设在发行日转换。稀释性潜在普通股是指假设当期转换为普通股会减少每股收益的潜在普通股。具体包括以下几方面：

可转换公司债券。对于可转换公司债券，计算稀释每股收益时，分子的调整项目为可转换公司债券当期已经确认为费用的利息等的税后影响额。分母调整项目为假设可转换公司债券当期期初或发行日转换为普通股的股数加权平均数。

认股权证和股份期权。认股权证、股份期权等的行权价格低于当期普通股平均市场价格时，应该考虑其稀释性。

普通股每股收益是反映股份公司盈利能力大小的一个非常重要的指标。每股收益越高，一般可以说明公司盈利能力越强，公司经营状况和财务状况越好，公司发放较高股利的可能性越大。这个指标的高低，往往会对股票价格产生较大影响。

对每股收益也可以进行横向和纵向的比较。通过与同行业平均水平或竞争对手进行比较，可以考察企业每股收益在整个行业中的状况以及与竞争对手相比的优劣。不过，在进行每股收益的横向比较时，需要注意不同企业的每股股本金额是否相等，否则每股收益不便直接进行横向比较。通过与企业以往各期的每股收益进行比较，可以看出企业每股收益的变动趋势。

对每股收益进行分析应该注意以下几个问题。

第一，每股收益不反映股票包含的风险。另外，每股收益揭示企业盈利能力也有缺陷，主要原因是每股收益受总股本的牵制过大，不能揭示基于资产使用效率的盈利能力。所以，目前我国上市公司每股收益指标是要求扣除非经常性损益后的每股收益。

第二，股票是一个“份额”概念，不同股票的每一股在经济上不等量，它们所含有的净资产和市价不同，即换取每股收益的投入量不同，限制了每股收益的公司间比较。

第三，每股收益多，不一定意味着多分红，还要看企业的股利分配政策。

【例 9-23】根据附表二利润表中的数据，首创公司 2014—2018 年的稀释每股收益如表 9-17 所示。

表 9-17　首创公司 2014—2018 年的稀释每股收益

项　目	2014 年	2015 年	2016 年	2017 年	2018 年
稀释每股收益 / 元	0.2733	0.2774	0.2241	0.1267	0

首创公司 2014—2018 年的稀释每股收益趋势分析如图 9-6 所示。

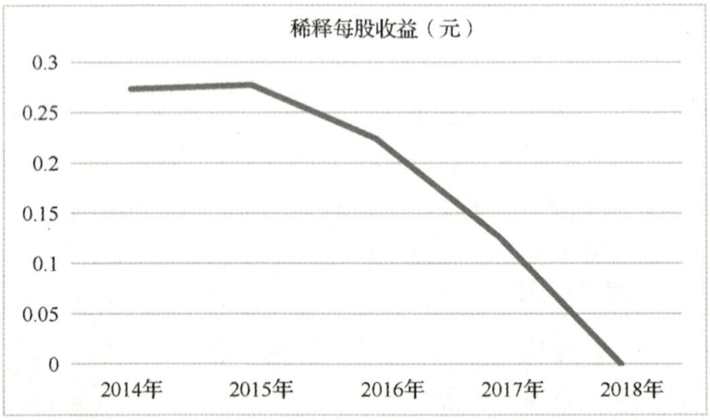

图 9-6　首创公司 2014—2018 年稀释每股收益趋势

2. 市盈率

市盈率是股票每股市价与每股收益的比值，其计算公式如下：

$$市盈率 = \frac{普通股每股市价}{普通股每股收益}$$

市盈率越高，一方面意味着企业成长的潜力越大，投资者对该股票的评价越高；反之，投资者对该股票评价越低。另一方面，市盈率越高，说明投资该股票的风险越大；市盈率越低，说明投资该股票的风险越小。

影响市盈率的因素有以下几方面。

（1）上市公司盈利能力的成长性。如果公司预期盈利能力不断提高，就说明企业具有较好的成长性，虽然目前市盈率较高，但是也值得投资者投资。

（2）投资者所获得的报酬率的稳定性。如果上市公司经营效益良好且相对稳定，那么投资者获取的收益也较高且稳定，投资者就愿意持有该企业的股票，则该企业的股票市盈率会由于众多的投资者普遍看好而相应提高。

（3）市盈率也受到利率水平变动的影响。当市场利率变化时，市盈率也应该进行相应调整。

所以，上市公司的市盈率一直是广大股票投资者进行中长期投资的重要决策指标。

【例 9-24】根据表 9-16 中的数据，首创公司 2014—2018 年每年的每股市价如表 9-18 所示。计算首创公司 2014—2018 年每年的市盈率如表 9-19 所示。

表 9-18 首创公司 2014—2018 年的每股市价

项　目	2014 年	2015 年	2016 年	2017 年	2018 年
每股市价 / 元	8.98	8.98	9.77	9.77	9.77

表 9-19 首创公司 2014—2018 年的市盈率

项　目	2014 年	2015 年	2016 年	2017 年	2018 年
市盈率 / 倍	32.86	32.37	43.6	77.11	76.93

首创公司 2014—2018 年市盈率的趋势分析如图 9-7 所示。

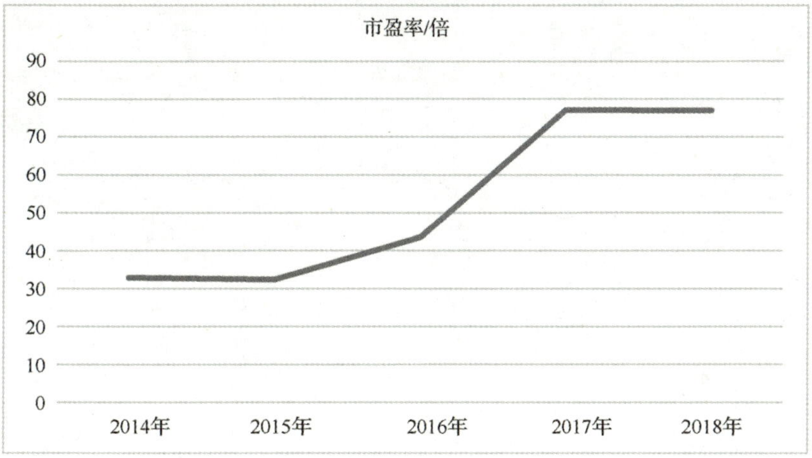

图 9-7 首创公司 2014—2018 年市盈率趋势分析

3. 股利支付率

股利支付率又称为股利发放率，是指普通股每股股利与普通股每股收益的比率，其计算公式为：

$$股利支付率=\frac{普通股每股股利}{普通股每股收益}$$

一般来说，公司发放股利越多，股利的分配率就越高，因此对股东和潜在投资者的吸引力越大，也就越有利于建立良好的公司信誉。一方面，由于投资者对公司的信任，会使公司股票供不应求，从而使公司股票市价上升。公司股票的市价越高，对公司吸引投资、再融资越有利。另一方面，过高的股利分配率政策，一是会使公司的留存收益减少，二是如果公司要维持高股利分配政策而对外大量举债，就会增加资金成本，最终必定会影响公司的未来收益和股东权益。

股利支付率是股利政策的核心。确定股利支付率，首先要弄清公司为满足未来发展所需的资本支出需求和营运资本需求，有多少现金可以用于发放股利，然后考察公司所能获得的投资项目的效益如何。如果现金充裕，投资项目的效益又很好，就应该少发或不发股利；如果现金充裕但投资项目效益较差，就应该多发股利。

【例 9-25】首创公司 2014—2018 年每股股利如表 9-20 所示。根据表 9-16 及表 9-20 中的资料，计算首创公司 2014—2018 年股利支付率（如表 9-21 所示）。

表 9-20　首创公司 2014—2018 年每股股利

项　目	2014 年	2015 年	2016 年	2017 年	2018 年
每股股利 / 元	0.60	0.65	0.65	0.34	0.35

表 9-21　首创公司 2014—2018 年股利支付率

项　目	2014 年	2015 年	2016 年	2017 年	2018 年
股利支付率	216.37%	234.32%	290.05%	268.35%	275.59%

首创公司 2014—2018 年股利支付率的趋势分析如图 9-8 所示。

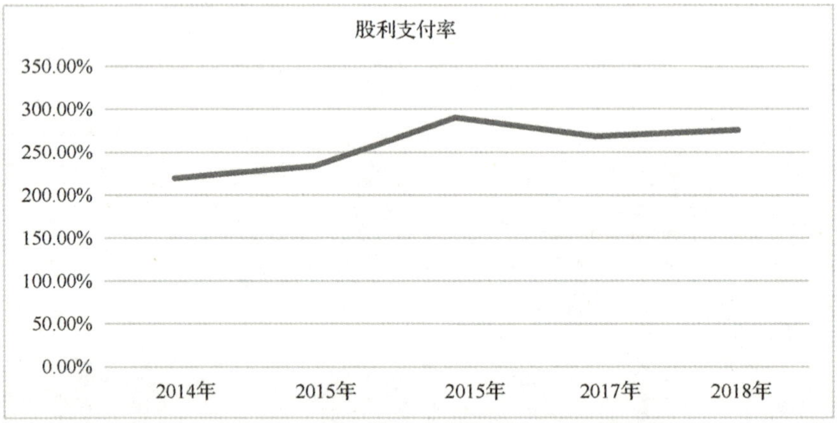

图 9-8　首创公司 2014—2018 年股利支付率趋势

4. 股利收益率

股利收益率又称获利率，指投资股票获得股利的回报率，其计算公式为：

$$股利收益率 = \frac{普通股每股股利}{普通股每股市价} \times 100\%$$

股利发放率 = 市盈率 × 股利收益率

股利收益率是挑选收益型股票的重要参考标准，如果连续多年年度股利收益率超过 1 年期银行存款利率，那么这只股票基本可以视为收益型股票，股利收益率越高越吸引人。

股利收益率也是挑选其他类型股票的参考标准之一。决定股利收益率高低的不仅是股利和股利发放率的高低，还要视股价来定。

【例 9-26】根据表 9-18 和表 9-20 中的数据，计算首创公司 2014—2018 年股利收益率（如表 9-22 所示）。

表 9-22 首创公司 2014—2018 年股利收益率

项　目	2014 年	2015 年	2016 年	2017 年	2018 年
股利收益率	6.68%	7.24%	6.65%	3.48%	3.58%

首创公司 2014—2018 年股利收益率的趋势分析如图 9-9 所示。

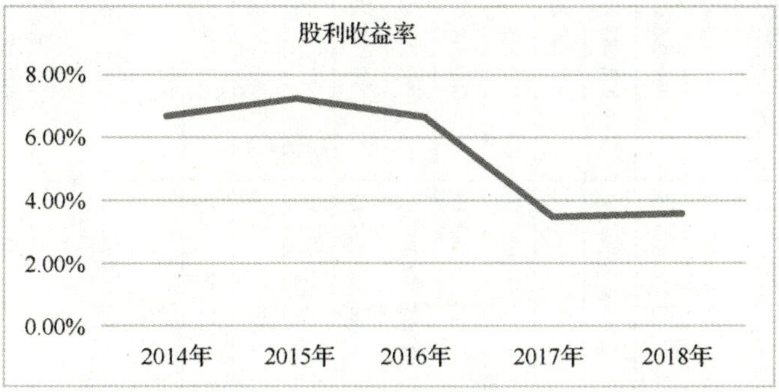

图 9-9 首创公司 2014—2018 年股利收益率趋势

附表一　资产负债表

2013—2018 年

编制单位：首创公司　　　　单位：元

项　目	2013 年	2014 年	2015 年	2016 年	2017 年	2018 年
流动资产：						
货币资金	2 338 063 281.01	3 265 278 460.32	3 228 351 620.73	3 920 162 634.80	3 207 178 708.85	4 094 626 527.87
以公允价值计量且其变动计入当期损益的金融资产	9 460 137.47	6 170 653.22	88 266 304.29	120 593 642.49	80 076 202.01	
应收票据	1 985 116.87	2 763 160.00	10 680 448.19	10 464 000.00	41 020 455.79	38 072 082.58
应收账款	1 147 184 943.42	1 367 470 331.70	833 123 392.21	1 362 184 513.65	2 059 846 424.20	2 281 047 068.67
预付账款	1 244 593 412.32	1 654 872 517.65	1 465 684 594.44	2 179 437 209.00	4 272 685 274.89	136 158 276.24
应收利息		2 188 800.00	2 131 800.00		7 100 259.06	
应收股利	20 000 000.00		4 411 979.30	4 411 979.30	2 205 989.65	2 205 989.65
其他应收款	813 918 380.55	861 065 622.49	1 947 891 874.31	1 149 027 089.40	900 511 619.40	1 191 184 985.01
存货	3 967 746 927.20	2 528 620 002.68	3 489 007 250.88	3 907 268 407.18	1 192 797 113.26	651 633 327.04
划分为持有待售的资产				245 522 004.99	10 823 471.21	
一年内到期的非流动资产	25 364 822.62	20 045 136.61	54 128 308.43	71 877 938.75	77 371 862.48	55 547 880.00
其他流动资产			184 013 980.92	1 102 843 736.45	1 465 817 305.86	883 972 119.26
流动资产合计	9 568 317 021.46	9 708 474 684.67	11 307 691 553.70	14 073 793 156.01	13 317 434 686.66	9 334 448 256.32
非流动资产：						
可供出售金融资产	69 498 003.79	56 720 022.94	85 716 529.73	192 563 246.39	216 666 092.76	206 892 607.28
持有至到期投资	595 639 546.58	489 500 000.00				
长期应收款	124 487 280.00	771 474 110.30	1 441 051 806.89	1 298 145 310.58	1 597 338 875.16	2 246 836 919.83
长期股权投资	1 383 394 102.55	1 504 870 385.52	1 248 110 063.73	1 611 694 558.61	1 925 044 149.04	2 417 565 580.23
投资性房地产						
固定资产	3 818 127 822.70	4 629 329 922.23	2 926 034 546.66	4 648 469 498.58	4 804 241 662.84	4 897 764 852.82
在建工程	326 183 559.01	686 498 934.03	708 396 256.90	973 645 974.89	1 444 467 915.53	10 932 494 898.36
工程物资	118 604.85			299 504.50		

（续表）

项　　目	2013 年	2014 年	2015 年	2016 年	2017 年	2018 年
固定资产清理						
生产性生物资产						
油气资产						
无形资产	5 162 615 318.20	6 036 486 427.04	6 846 000 789.86	10 254 056 210.39	12 903 828 919.09	17 259 864 829.64
开发支出			2 808 509.13	4 300 762.79	3 412 638.60	4 061 881.94
商誉	40 015 660.82	290 474 815.45	325 683 332.52	2 683 212 306.68	3 000 684 634.20	2 854 336 295.90
长期待摊费用	13 460 449.37	42 359 517.01	38 639 814.87	25 266 543.72	23 248 559.75	25 120 596.48
递延所得税资产	43 124 024.49	46 443 106.17	42 890 213.95	107 352 709.83	127 862 607.17	146 300 241.32
其他非流动资产	810 000 000.00	64 000 000.00	201 368 959.73	252 400 459.81	270 883 234.34	668 621 437.57
非流动资产合计	12 386 664 372.36	14 618 157 240.69	13 866 700 823.97	22 051 407 086.77	26 317 679 288.48	41 659 860 141.37
资产合计	21 954 981 393.82	24 326 631 925.36	25 174 392 377.67	36 125 200 242.78	39 635 113 975.14	50 994 308 397.69
流动负债：						
短期借款	2 817 940 000.00	2 480 332 080.00	3 408 834 365.10	2 765 269 322.40	1 017 619 835.00	5 248 484 368.00
以公允价值计量且其变动计入当期损益的金融负债						
应付票据	581 204.41	35 000 000.00	4 640 274.87	23 566 571.45	359 274.87	
应付账款	1 141 967 008.19	748 850 334.71	869 128 696.27	1 353 736 805.59	1 912 483 145.37	4 067 728 582.15
预收款项	854 070 688.08	885 820 809.55	927 152 844.17	1 152 989 327.71	1 201 926 956.65	1 234 086 252.60
应付职工薪酬	134 522 135.01	123 627 887.92	92 368 842.79	121 908 373.25	178 598 447.83	200 423 713.14
应交税费	139 796 458.18	192 423 724.01	186 138 437.69	222 471 040.90	326 445 698.88	374 687 351.46
应付利息	75 398 546.65	119 446 614.65	87 444 180.24	196 577 192.70	87 876 087.64	58 787 828.55
应付股利	37 495 158.56	45 831 077.33	21 960 066.10	151 864 648.63	59 048 988.41	22 050 182.42
其他应付款	1 082 731 444.41	1 018 405 012.92	1 249 041 666.88	1 359 729 353.45	1 529 281 281.27	1 941 093 714.85
持有待售负债				144 924 371.86		

（续表）

项　　目	2013 年	2014 年	2015 年	2016 年	2017 年	2018 年
一年内到期的非流动负债	902 214 153.79	1 871 828 678.63	841 986 058.60	2 997 972 541.68	2 955 601 511.26	4 674 746 007.57
其他流动负债	2 081 981.80	1 871 782.37		1 000 000 000.00	1 500 000 000.00	544 021 315.28
流动负债合计	7 188 798 779.08	7 523 438 002.09	7 688 695 432.71	11 491 009 549.62	10 769 241 227.18	18 366 109 316.02
非流动负债：						
长期借款	2 785 942 644.45	4 041 206 568.84	4 630 345 650.41	8 193 208 927.81	11 241 323 394.06	10 840 661 029.88
应付债券	2 000 000 000.00	1 909 603 430.50	4 111 808 128.50	2 849 360 000.00	1 693 700 000.00	1 653 420 000.00
长期应付款	394 899 055.87	225 311 169.87	150 274 013.12	540 200 945.51	707 571 056.40	1 006 075 616.43
长期应付职工薪酬			5 397 565.24	4 176 467.30	3 097 968.88	2 222 239.10
专项应付款	71 281 863.07	89 642 705.00	152 340 892.55	102 172 088.16	102 820 063.14	115 634 563.99
预计负债	526 098 728.33	548 485 145.38	512 951 917.50	722 608 482.60	1 039 764 255.93	1 378 635 429.29
递延收益			91 122 021.10	102 930 255.78	130 143 333.24	139 930 882.17
递延所得税负债	17 747 287.83	35 581 420.25	30 205 337.14	319 222 653.89	332 704 439.52	357 456 588.33
其他非流动负债	56 753 633.06	112 984 346.48				
非流动负债合计	5 852 723 212.61	6 962 814 786.32	9 684 445 525.56	12 833 879 821.05	15 251 124 511.17	15 494 036 349.19
负债合计	13 041 521 991.69	14 486 252 788.41	17 373 140 958.27	24 324 889 370.67	26 020 365 738.35	33 860 145 665.21
所有者权益（或股东权益）						
实收资本（或股本）	2 200 000 000.00	2 200 000 000.00	2 200 000 000.00	2 410 307 062.00	4 820 614 124.00	4 820 614 124.00
其他权益工具				1 000 000 000.00	2 000 000 000.00	4 400 000 000.00
其中：优先股						
永续债					2 000 000 000.00	4 400 000 000.00
资本公积	1 677 622 902.59	1 650 987 977.13	1 565 567 773.79	2 943 442 877.97	607 588 336.13	607 643 405.52
减：库存股						
其他综合收益			82 900 402.95	-388,311,601.88	-465,443,850.73	-268,435,109.84
专项储备						

（续表）

项　　目	2013 年	2014 年	2015 年	2016 年	2017 年	2018 年
盈余公积	619 591 694.15	658 756 359.03	737 544 870.20	784 962 553.85	835 256 946.55	892 413 081.58
未分配利润	1 227 771 573.11	1 459 872 366.25	1 661 316 214.78	1 785 445 758.88	1 939 994 236.54	2 026 897 778.11
外币报表折算差额	−21 737 327.88	123 500 461.88				
归属于母公司所有者权益合计	5 703 248 841.97	6 093 117 164.29	6 247 329 261.72	8 535 846 650.82	9 738 009 792.49	12 479 133 279.37
少数股东权益	3 210 210 560.16	3 747 261 972.66	1 553 922 157.68	3 264 464 221.29	3 876 738 444.30	4 655 029 453.11
所有者权益合计	8 913 459 402.13	9 840 379 136.95	7 801 251 419.40	11 800 310 872.11	13 614 748 236.79	17 134 162 732.48
负债和所有者权益合计	21 954 981 393.82	24 326 631 925.36	25 174 392 377.67	36 125 200 242.78	39 635 113 975.14	50 994 308 397.69

附表二　利润表

2013—2018 年

编制单位：首创公司　　　　单位：元

项　　目	2013 年	2014 年	2015 年	2016 年	2017 年	2018 年
一、营业收入	3 382 924 612.87	4 230 653 565.52	5 589 383 248.03	7 061 493 505.98	7 912 040 561.96	9 285 468 447.99
减：营业总成本	2 803 702 122.79	3 772 901 929.07	5 168 235 181.39	6 516 073 597.52	7 527 429 087.20	8 767 470 957.22
其中：营业成本	1 907 622 425.03	2 550 858 876.09	3 874 572 763.61	4 780 647 260.16	5 305 693 725.75	6 369 991 916.41
税金及附加	77 835 053.87	127 532 923.83	86 013 142.91	96 450 958.03	110 381 090.28	126 457 510.32
销售费用	48 987 543.32	67 819 768.57	43 449 624.42	50 111 554.92	44 717 177.54	60 201 428.84
管理费用	468 823 483.74	617 109 136.95	600 557 957.84	1 061 102 438.09	1 252 781 989.69	1 282 991 299.24
财务费用	280 869 677.70	390 080 148.43	552 615 897.89	551 313 477.43	753 934 569.70	911 655 767.95
资产减值损失	19 563 939.13	19 501 075.20	11 025 794.72	-23,552,091.11	59 920 534.24	16 173 034.46
加：公允价值变动收益（损失以“-”号填列）	797 260.45	-401 703.95	23 844 075.77	31 587 816.40	-21 768 658.30	-32 809 560.84
投资收益（损失以“-”号填列）	39 861 627.34	299 879 156.58	317 373 447.65	129 536 902.48	310 401 380.15	199 614 411.99
其中：对联营企业和合营企业的投资收益	40 511 463.56	-3 586 848.48	20 752 578.30	-6 646 438.75	106 630 838.35	135 068 846.71
资产处置收益（损失以“-”号填列）						30 611 756.31
其他收益						293 760 978.20
二、营业利润（损失以“-”号填列）	619 881 377.87	757 229 089.08	762 365 590.06	706 544 627.34	673 244 196.61	1 009 175 076.43
加：营业外收入	319 204 381.61	379 523 184.46	198 616 262.74	229 216 362.73	284 265 425.26	15 935 940.54
其中：非流动资产处置利得			298 671.17	3 749 959.09	1 182 650.81	
减：营业外支出	6 355 338.07	43 180 802.37	89 025 566.93	11 885 823.47	8 783 104.52	53 228 968.14
其中：非流动资产处置损失	913 101.94	26 585 916.85	78 993 164.57	2 125 528.31	3 564 334.34	
三、利润总额（亏损总额以“-”号填列）	932 730 421.41	1 093 571 471.17	871 956 285.87	923 875 166.60	948 726 517.35	971 882 048.83
减：所得税费用	185 975 544.62	245 204 318.84	183 816 880.86	222 487 642.00	302 548 576.14	269 735 306.23
四、净利润（净亏损以“-”号填列）	746 754 876.79	848 367 152.33	688 139 405.01	701 387 524.60	646 177 941.21	702 146 742.60
（一）按经营持续性分类						

（续表）

项　　目	2013 年	2014 年	2015 年	2016 年	2017 年	2018 年
1. 持续经营净利润（净亏损以“-”号填列）						702 146 742.60
2. 终止经营净利润（净亏损以“-”号填列）						
（二）按所有权归属分类						
1. 少数股东损益	165 445 965.89	247 101 694.31	77 907 045.31	165 134 165.68	35 289 011.55	90 137 936.08
2. 归属于母公司股东的净利润	581 308 910.90	601 265 458.02	610 232 359.70	536 253 358.92	610 888 929.66	612 008 806.52
五、其他综合收益的税后净额			-120 966 021.97	-376 433 538.06	-22 005 696.81	196 877 610.37
归属于母公司所有者的其他综合收益的税后净额			-121 180 267.51	-317 644 711.64	-77 132 248.85	197 008 740.89
（一）以后不能重分类进损益的其他综合收益						
其中：重新计量设定受益计划净负债或净资产导致的						
变动的税后净额						
（二）以后将重分类进损益的其他综合收益				-317 644 711.64	-77 132 248.85	197 008 740.89
其中：按照权益法核算的在被投资单位可重分类进损益的其他综合收益中所享有份额的税后净额				-884 836.94	-2 923 402.06	27 446 644.38
可供出售金融资产公允价值变动产生得利（损失以“-”号填列）的税后净额				-104 227.56	-15 096 224.64	373 797.91
持有至到期投资重分类为可供出售金融资产形成的						
利得（损失以“-”号填列）的税后净额						
现金流量套期工具产生的利得中属于有效套期的部分（损失以“-”号填列）的税后净额						
外币财务报告折算差额的税后净额				-316 655 647.14	-59 112 622.15	169 188 298.60
其他综合收益税后净额						

（续表）

项　　目	2013 年	2014 年	2015 年	2016 年	2017 年	2018 年
归属于少数股东的其他综合收益的税后净额			214 245.54	−58 788 826.42	55 126 552.04	−131,130.52
六、每股收益：						
（一）基本每股收益（元 / 股）	1.08	0.2733	0.2774	0.2241	0.1267	0.1270
（二）稀释每股收益（元 / 股）	1.08	0.2733	0.2774	0.2241	0.1267	
七、其他综合收益	17 525 925.48	118 523 246.03				
八、综合收益总额	764 280 802.27	966 890 398.36	567 173 383.04	324 953 936.54	624 172 244.40	899 024 352.97
归属于母公司所有者的综合收益总额	598 573 691.47	719 868 322.32	489 052 092.19	218 608 647.28	533 756 680.81	809 017 547.41
归属于少数股东的综合收益总额	165 707 110.80	247 022 076.04	78 121 290.85	106 345 339.26	90 415 563.59	90 006 805.56

附表三　现金流量表

2013—2018 年

编制单位：首创公司　　　　单位：元

项　　目	2013 年	2014 年	2015 年	2016 年	2017 年	2018 年
一、经营活动产生的现金流量：						
销售商品、提供劳务收到的现金	3 311 748 114.95	3 903 016 622.73	3 703 510 469.01	6 239 661 294.08	9 225 610 728.73	8 229 117 172.10
收到的税费返还	75 213.47	1 891 698.30	79 527.66	39 487 781.54	99 898 359.62	121 420 092.20
收到其他与经营活动有关的现金	800 450 763.43	456 792 210.63	606 857 724.72	493 014 358.84	722 329 554.50	870 138 397.51
经营活动现金流入小计	4 112 274 091.85	4 361 700 531.66	4 310 447 721.39	6 772 163 434.46	10 047 838 642.85	9 220 675 661.81
购买商品、接受劳务支付的现金	2 448 940 936.69	2 372 128 999.82	2 165 989 894.67	2 649 040 994.17	3 374 836 502.25	3 162 710 390.88
支付利息、手续费及佣金的现金						
支付保单红利的现金						
支付给职工以及为职工支付的现金	647 870 582.43	768 667 697.58	729 391 142.25	1 492 547 515.90	1 537 435 217.23	1 726 350 610.69
支付的各项税费	349 463 894.30	424 610 263.05	414 678 902.34	584 949 455.51	1 007 883 604.91	922 868 867.39
支付其他与经营活动有关的现金	600 434 579.40	689 394 959.68	658 453 132.66	1 038 900 203.15	1 169 489 948.34	919 487 859.77
经营活动现金流出小计	4 046 709 992.82	4 254 801 920.13	3 968 513 071.92	5 765 438 168.73	7 089 645 272.73	6 731 417 728.73
经营活动产生的现金流量净额	65 564 099.03	106 898 611.53	341 934 649.47	1 006 725 265.73	2 958 193 370.12	2 489 257 933.08
二、投资活动产生的现金流量：						
收回投资收到的现金	468 862 040.08	444 247 880.00	1 442 057 971.92	321 434 042.79	697 818 620.73	1 292 356 197.31
取得投资收益收到的现金	35 569 300.41	648 744 950.12	88 126 396.10	173 047 785.22	195 812 634.18	161 943 016.76
处置固定资产、无形资产和其他长期资产收回的现金净额	9 886 046.72	39 540 687.31	632 252.31	11 597 262.14	5 308 850.02	268 049 396.89
处置子公司及其他营业单位收到的现金净额		600 934 833.69		1 135 540 500.00		
收到其他与投资活动有关的现金	70 767 178.48	1 137 727 053.17	71 440 970.96	105 784 897.01	622 921 374.02	103 241 066.63
投资活动现金流入小计	585 084 565.69	2 871 195 404.29	1 602 257 591.29	1 747 404 487.16	1 521 861 478.95	1 825 589 677.59
购建固定资产、无形资产和其他长期资产支付的现金	892 804 359.58	1 413 396 279.54	1 705 134 467.31	2 467 037 222.15	4 462 251 282.77	7 449 826 819.79

（续表）

项　　目	2013 年	2014 年	2015 年	2016 年	2017 年	2018 年
投资支付的现金	1 513 791 355.35	580 190 223.35	533 501 016.51	1 031 809 819.77	792 713 994.31	653 729 620.92
质押贷款净增加额						
取得子公司及其他营业单位支付的现金净额	41 908 059.55		43 583 092.74	3 360 939 835.26	102 902 114.06	534 827 600.55
支付其他与投资活动有关的现金		128 383 809.85	123 115 372.71	500 000 000.00	51 871 900.82	207 377 894.48
投资活动现金流出小计	2 448 503 774.48	2 121 970 312.74	2 405 333 949.27	7 359 786 877.18	5 409 739 291.96	8 845 761 935.74
投资活动产生的现金流量净额	−1 863 419 208.79	749 225 091.55	− 803 076 357.98	−5 612 382 390.02	−3 887 877 813.01	−7 020 172 258.15
三、筹资活动产生的现金流量：						
吸收投资收到的现金	84 897 755.00	19 431 662.75	24 800 000.00	3 952 716 828.76	1 552 534 469.00	3 220 013 928.49
其中：子公司吸收少数股东投资收到的现金	60 897 755.00	7 431 662.75	24 800 000.00	898 016 833.02	552 534 469.00	820 013 928.49
取得借款收到的现金	4 743 303 379.00	6 517 653 992.57	7 562 733 375.42	8 731 398 300.98	8 438 625 707.08	12 479 433 139.95
发行债券收到的现金		1 110 735 601.70	2 197 909 360.50	1 624 664 480.00	3 000 000 000.00	1 500 000 000.00
收到其他与筹资活动有关的现金	37 388 483.66	8 522 163.23	38 536 275.41	19 452 325.67	67 609 096.40	97 985 409.30
筹资活动现金流入小计	4 865 589 617.66	7 656 343 420.25	9 823 979 011.33	14 328 231 935.41	13 058 769 272.48	17 297 432 477.74
偿还债务支付的现金	3 042 255 061.20	6 810 870 351.35	7 866 917 345.28	8 050 947 892.54	11 646 152 698.15	9 951 550 524.89
分配股利、利润或偿付利息支付的现金	786 989 196.96	965 160 511.07	1 298 392 573.24	1 139 919 301.47	1 578 717 909.88	1 497 957 857.19
其中：子公司支付给少数股东的股利、利润	18 787 082.39	23 402 314.82	316 068 951.46	471 622 745.31	282 944 785.38	92 681 571.82
支付其他与筹资活动有关的现金	49 564 565.88	45 874 455.66	51 073 114.02	123 724 700.24	73 287 905.61	59 598 084.87
筹资活动现金流出小计	3 878 808 824.04	7 821 905 318.08	9 216 383 032.54	9 314 591 894.25	13 298 158 513.64	11 601 788 038.77
筹资活动产生的现金流量净额	986 780 793.62	− 165 561 897.83	607 595 978.79	5 013 640 041.16	− 239 389 241.16	5 788 326 010.79
四、汇率变动对现金及现金等价物的影响	359 138.80	−3,836,887.82	888 669.24	−20,155,850.61	434 420 853.74	−98,862,057.28
五、现金及现金等价物净增加额	− 810 715 177.34	686 724 917.43	147 342 939.52	387 827 066.26	− 734 652 830.31	1 158 549 628.44
加：期初现金及现金等价物余额	3 131 770 559.89	2 321 055 382.55	3 007 780 299.98	3 155 123 239.50	3 542 950 305.76	2 808 297 475.45
六、期末现金及现金等价物余额	2 321 055 382.55	3 007 780 299.98	3 155 123 239.50	3 542 950 305.76	2 808 297 475.45	3 966 847 103.89

附表四　所有者权益变动表

2018 年 12 月 31 日

编制单位：首创公司　　　　单位：元

项目	本期金额												
	归属于母公司所有者权益											少数股东权益	所有者权益合计
	实收资本（或股本）	其他权益工具			资本公积	减：库存股	其他综合收益	专项储备	盈余公积	一般风险准备	未分配利润		
		优先股	永续债	其他									
一、上年年末余额	4 820 614 124.00		2 000 000 000.00		607 588 336.13		－465 443 850.73		835 256 946.55		1 939 994 236.54	3 876 738 444.30	13 614 748 236.79
加：会计政策变更													
前期差错更正													
同一控制下企业合并													
其他													
二、本年年初余额	4 820 614 124.00		2 000 000 000.00		607 588 336.13		－465 443 850.73		835 256 946.55		1 939 994 236.54	3 876 738 444.30	13 614 748 236.79
三、本期增减变动金额（减少以“—”号填列			2 400 000 000.00		55 069.39		197 008 740.89		57 156 135.03		86 903 541.57	778 291 008.81	3 519 414 495.69
（一）综合收益总额							197 008 740.89				612 008 806.52	90 006 805.56	899 024 352.97
（二）所有者投入和减少资本			2 400 000 000.00		55 069.39							779 684 881.27	3 179 739 950.66

（续表）

项目	本期金额												
	归属于母公司所有者权益											少数股东权益	所有者权益合计
	实收资本（或股本）	其他权益工具			资本公积	减：库存股	其他综合收益	专项储备	盈余公积	一般风险准备	未分配利润		
		优先股	永续债	其他									
1．所有者投入资本												779 684 881.27	779 684 881.27
2．其他权益工具持有者投入资本			2 400 000 000.00										2 400 000 000.00
3．股份支付计入所有者权益的金额													0.00
4．其他					55 069.39								55 069.39
（三）利润分配									57 156 135.03		－525 105 264.95	－91 400 678.02	－559 349 807.94
1．提取盈余公积									57 156 135.03		－57 156 135.03		0.00
2．提取一般风险准备													0.00
3．对所有者（或股东）的分配											－385 649 129.92	－91 400 678.02	－477 049 807.94
4. 其他											－82 300 000.00		－82 300 000.00

（续表）

项目	本期金额											
	归属于母公司所有者权益										少数股东权益	所有者权益合计
	实收资本（或股本）	其他权益工具			资本公积	减：库存股	其他综合收益	专项储备	盈余公积	一般风险准备	未分配利润		
		优先股	永续债	其他									
（四）所有者权益内部结转												
1. 资本公积转增资本或（股本）												
2. 盈余公积转增资本（或股本）												
3. 盈余公积弥补亏损												
4. 其他												
（五）专项储备												
1. 本期提取												
2. 本期使用												
（六）其他												
四、本期期末余额	4 820 614 124.00		4 400 000 000.00		607 643 405.52		－268 435 109.84		892 413 081.58		2 026 897 778.11	4 655 029 453.11	17 134 162 732.48

附表四　所有者权益变动表

单位：元

项目	上年同期金额												
	归属于母公司所有者权益											少数股东权益	所有者权益合计
	实收资本(或股本)	其他权益工具			资本公积	减：库存股	其他综合收益	专项储备	盈余公积	一般风险准备	未分配利润		
		优先股	永续债	其他									
一、上年年末余额	2 410 307 062.00		1 000 000 000.00		2 943 442 877.97		−388 311 601.88		784 962 553.85		1 785 445 758.88	3 264 464 221.29	11 800 310 872.11
加：会计政策变更													
前期差错更正													
同一控制下企业合并													
其他													
二、本年年初余额	2 410 307 062.00		1 000 000 000.00		2 943 442 877.97		−388 311 601.88		784 962 553.85		1 785 445 758.88	3 264 464 221.29	11 800 310 872.11
三、本期增减变动金额（减少以“—”号填列）			1 000 000 000.00		74 452 520.16		−77 132 248.85		50 294 392.70		154 548 477.66	612 274 223.01	1 814 437 364.68
（一）综合收益总额							−77 132 248.85				610 888 929.66	90 415 563.59	624 172 244.40
（二）所有者投入和减少资本			1 000 000 000.00		74 452 520.16							711 770 989.44	1 786 223 509.60
1. 所有者投入资本												711 770 989.44	711 770 989.44

（续表）

项目	上年同期金额												
	归属于母公司所有者权益											少数股东权益	所有者权益合计
	实收资本（或股本）	其他权益工具			资本公积	减：库存股	其他综合收益	专项储备	盈余公积	一般风险准备	未分配利润		
		优先股	永续债	其他									
2. 其他权益工具持有者投入资本			1 000 000 000.00										1 000 000 000.00
3. 股份支付计入所有者权益的金额													
4. 其他					74 452 520.16								74 452 520.16
（三）利润分配									50 294 392.70		−456 340 452.00	−189 912 330.02	−595 958 389.32
1. 提取盈余公积									50 294 392.70		−50 294 392.70		
2. 提取一般风险准备													
3. 对所有者（或股东）的分配											−361 546 059.30	−189 912 330.02	−551 458 389.32
4. 其他											−44 500 000.00		−44 500 000.00
（四）所有者权益内部结转	2 410 307 062.00				−2 410 307 062.00								

（续表）

项目	上年同期金额												
	归属于母公司所有者权益											少数股东权益	所有者权益合计
	实收资本（或股本）	其他权益工具			资本公积	减：库存股	其他综合收益	专项储备	盈余公积	一般风险准备	未分配利润		
		优先股	永续债	其他									
1. 资本公积转增资本（或股本）	2 410 307 062.00				−2 410 307 062.00								
2. 盈余公积转增资本（或股本）													
3. 盈余公积弥补亏损													
4. 其他													
（五）专项储备													
1. 本期提取													
2. 本期使用													
（六）其他													
四、本期期末余额	4 820 614 124.00		2 000 000 000.00		607 588 336.13		−465 443 850.73		835 256 946.55		1 939 994 236.54	3 876 738 444.30	13 614 748 236.79

附表五　营业收入情况表

编制单位：首创公司　　　　2014—2018 年　　　　单位：元

项　　目	2014 年	2015 年	2016 年	2017 年	2018 年
主营业务收入 / 元	4 166 524 266.54	5 503 712 732.13	7 004 124 227.55	7 839 895 945.01	9 213 878 111.68
其他业务收入 / 元	64 129 298.98	85 670 515.90	57 369 278.43	72 144 616.95	71 590 336.31

附表六　企业绩效评价标准值

适用行业：公共设施管理业

项　目	优 秀 值	良 好 值	平 均 值	较 低 值	较 差 值
一、盈利能力状况					
权益净利率（净资产收益率）（%）	7.4	5.2	1.3	-4.5	-10.8
总资产报酬率（%）	6.5	4.2	0.7	-3.6	-7.5
销售（营业）利润率（%）	20.3	15.2	9.8	1.6	-9.7
盈余现金保障倍数	10.8	4.2	0.5	-1.1	-3.8
成本费用利润率（%）	12.4	8.5	4	-0.6	-6.7
资本收益率（%）	8.1	5.4	1.3	-5.5	-11.5
二、资产质量状况					
总资产周转率（次）	0.8	0.5	0.4	0.2	0.1
应收账款周转率（次）	24.6	11.3	1.2	0.8	0.4
不良资产比率（%）	0.3	0.8	1	2.5	3.8
流动资产周转率（次）	2.6	1.4	1	0.8	0.6
资产现金回收率（%）	16.8	10.7	0.9	-4.4	-15.4
三、债务的风险状况					
资产负债率（%）	55	60	65	75	90
已获利息倍数	4.9	3.3	1.5	-0.1	-3.6
速动比率（%）	149.5	126.1	105.3	84.1	51.7
现金流动负债比率（%）	18.7	11.8	2.8	-6.1	-17.8
带息负债比率（%）	15.9	35.2	57.5	64.9	81.5
或有负债比率（%）	0.1	2.3	4.6	13.3	22.4
四、经营增长状况					
销售（营业）增长率（%）	20	8.7	0.8	-8	-16.1
资本保值增值率（%）	105.6	103.9	101.1	97.5	90.8
销售（营业）利润增长率（%）	17.7	12.8	5.1	-2.6	-12.5
总资产增长率（%）	22.6	15.4	7.9	-4.3	-12.9
技术投入比率（%）	1.7	1.1	0.6	0.3	0.1
五、补充资料					
存货周转率（次）	26.1	12.9	2.5	2.1	1.6
两金占流动资产比重（%）	9.3	32.9	53.3	59.2	73.5
成本费用占营业总收入比重（%）	60.1	73.4	94.5	102.8	115.2
经济增加值率（%）	9.1	3.6	-1.4	-2.7	-5.5
EBITDA 率（%）	32	24.1	14.5	-7.3	-13.2
资本积累率（%）	25.5	13.4	3.7	-6.2	18